알고 있니?
알고리즘

세상 궁금한 십대

소이언 지음

알고 있니?
알고리즘

우리학교

차례

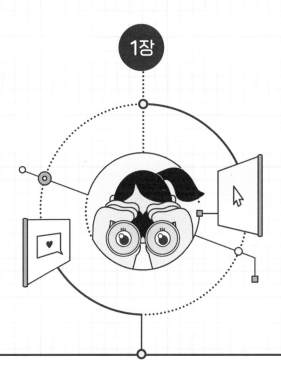

1장

알고리즘이 이끌었네,
나를 여기로

: feat. 빅데이터 & 인공 지능

ALGORITHM

내가 보고 싶어서 보는 게 아니야

여느 때와 다름없는 평화로운 오후, 학원에 가기 전 잠깐의 틈이 생기자 청소년 Z는 습관적으로 동영상 공유 플랫폼을 열고 소중한 휴식 시간을 음미합니다. 그때 저쪽에서 친구가 다가옵니다.

"야, 너 뭐 그런 걸 보고 있냐?"

"이거? 추천 영상이라 한 번 눌러 본 거야."

"에이, 그거야 네가 평소에 그런 걸 자주 보니까 추천 영상에 뜨는 거지. 근데 너도 취향 참……."

"아냐, 나 이런 거 관심 없어. 그냥 떠서 보는 거라고."

"뭘 그렇게 정색하고 그래? 괜찮아, 그런 거 좋아할 수 있지. 난 다 이해해."

"진짜 아니라니까? 유튜브 알고리즘 때문이라고!"[1]

안타깝게도 오늘이 가기 전에 청소년 Z가 어떤 영상을 봤는지 반 친구 모두가 알게 되겠죠. 이렇듯 우리는 우연히 재생한 동영상 하나로 타인에게 취향을 오해받는 세상을 살아갑니다. 정말이지 억울한 일입니다. 취향은 '나'라는 사람을 표현하는 중요한 그 무엇인데, 유튜브 알고리즘은 순식간에 멀쩡한 사람을 괴상한 취향을 가진 십 대로 만들어 버렸네요.

'취향'이란 무엇일까요? 국립국어원 표준국어대사전을 보면 "하고 싶은 마음이 생기는 방향. 또는 그런 경향"이라고 간단하고도 모호하게 정의되어 있습니다. 하지만 우리는 사전적 정의보다 자신만의 감각과 경험으로 취향이 무엇인지 확실히 알고 있습니다. 어떤 옷을 입고 어떤 신발을 신는지, 무슨 채널을 구독하고 무슨 영화를 좋아하는지, 어떻게 책상을 정리하고 어떻게 방을 꾸미는지에 따라 사람이 달라 보이는 것. 그것이 바로 '취향'이지요.

밀란 쿤데라가 쓴 『참을 수 없는 존재의 가벼움』이란 소설이 있습니다. 주인공 테레사는 늘 옆구리에 책을 끼고 다니는데, 소설 중간에 "그에게 있어 책은 지난 세기의 신사들이 들고 다니던 우아한 지팡이와 같은 것이었다. 책으로 인해 그는 다른 사람들과 구분되었다."라는 문장이 나옵니다.[2] 테레사가 '선택'한 책인 톨스토이의 『안나 카레니나』가 그를 평범한 이들과는 다른 사람으로 만들어 주는 거지요. 가진 것 없고 보잘것없는 테레사에게 책은 마치 다른 세계로 들어갈 수 있는 '입장권'처럼 느껴집니다.

　이처럼 취향은 곧 선택입니다. 사실 살아가는 일은 끝없이 무언가를 '선택'하는 과정이나 다름없습니다. 게다가 자본주의 사회를 살아가는 우리의 선택은 언제나 '소비'와 떼려야 뗄 수 없죠. 그래서 취향은 결국 소비입니다. 민트 초콜릿 맛 음료부터 수입 명품 브랜드 신발에 이르기까지, 돈을 어디에 어떻게 쓰는지가 우리의 취향을 결정하지요.

　프랑스 사회학자 피에르 부르디외가 말한 "구별 짓기"나 "취향은 계급의 표시자로 기능한다."처럼 어려운 말을 끌어올 필요도 없습니다. 누군가의 취향은 그가 가진 돈, 지위, 지식,

생활 습관을 적나라하게 드러낸다는 걸 모르는 사람은 없을 테니까요.

취향은 나를 표현하는 일이기에 우리는 생각과 고민을 거듭하고 시간과 노력을 들여 취향을 다듬어 나갑니다. 독특하고, 무해하고, 귀엽거나 좀 삐딱해도 좋습니다. 제일 중요한 기준은 '내가 얼마나 좋아하는가?'입니다. 좋으면 관심이 가고 자주 접하게 되고, 누가 시키지 않아도 끝까지 파고들어 보고, 그러다 몸에 배면 어느새 나만의 진짜 취향이 완성되죠. 취향이 쌓이면 성격에 영향을 미치고 진로를 선택할 때도 나침반이 되어 줄 것입니다. 그렇죠. 인간의 삶이란 이렇게 '나'를 찾아가는 과정 아니겠어요? 그러니 세상이 강요한 취향을 따라가지 않고 직접 취향을 찾아내며 만들어 가는 일이야말로 자아 찾기의 한 과정일 거예요.

그런데 어렵사리 취향을 만들어 가는 나에게 무언가 난데없이 흙탕물을 튀깁니다. 게임 캐릭터의 모자 아이템 하나도 신중히 선택해 온 그간의 내 노력을 허무하게 만드는 그것. 나의 취향과 맞는 듯 안 맞는 듯 평소 내 관심사와 백만 광년만큼이나 동떨어진 걸 추천하는 그것. '한번 봐. 보라니까? 너도 몰랐던 네 숨은 취향을 내가 알고 있거든.' 하고 자신만만하게 신세계를 권하는 그것. 바로 '알고리즘Algorithm'입니다.

취향을 저격해 드립니다

참 신기합니다. 별 관심도 없던 것들인데 재미있습니다. 어쩌다 음침한 영상을 추천하기는 해도, 알고리즘이 추천하는 영상은 대부분 볼 만합니다. 예전에는 쳐다보지도 않던 영상들도 막상 재생하면 시간 가는 줄 모르고 빠져듭니다. 그렇게 추천 영상이 꼬리에 꼬리를 물고 우리를 새로운 세계로 데려가니 "알고리즘아, 고마워."라는 소리가 저절로 나오죠.

게다가 알고리즘의 추천은 꽤 도움이 됩니다. 예전에는 새로운 음악을 알게 되는 경로가 재미있게 본 영화의 OST거나 친구의 권유, 거리나 카페에서 우연히 흘러나오는 음악뿐이었습니다. 그런데 알고리즘의 등장으로 모든 것이 달라졌습니다. 오늘 날씨와 남들은 모르는 내 기분, 거기에 최신 트렌드까지 고려해 온갖 음악을 추천해 주니까요. 알고리즘 덕분에 내 취향은 더 넓고 더 깊어지지요.

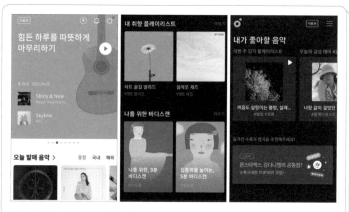

인공 지능 알고리즘으로 취향 맞춤 음악 추천 서비스를 제공하는 음원 스트리밍 플랫폼들. 왼쪽부터 플로, 바이브, 멜론.

알고리즘은 어떻게 나도 몰랐던, 하지만 내가 좋아할 만한 것을 잘 알까요? 질문을 바꿔 봅시다. 이 세상에서 나를 가장 잘 아는 존재는 누구일까요? 부모님? 친한 친구? 나 자신? 전부 아닙니다. 정답은 알고리즘입니다. 소셜 미디어의 '좋아요'를 분석하면, 알고리즘이 가족보다 성격을 잘 맞힌다는 연구 결과가 2015년에 이미 나왔거든요.[3]

영국 케임브리지대학교와 미국 스탠퍼드대학교 공동 연구

팀은 '좋아요'를 분석하는 알고리즘이 이용자의 성격을 알아낼 수 있다는 사실을 밝혔습니다. 이용자가 외향적인지 내향적인지, 적극적인지 소극적인지 맞히는 거죠. 알고리즘은 고작 '좋아요' 10개만으로 이용자의 성격을 직장 동료들보다 훨씬 더 정확하게 파악했습니다. 동료들은 이용자가 대범하고 용감하다고 말했지만, 이용자는 사실 소심하고 겁이 많았어요. 알고리즘만이 그걸 알아낸 거예요.

알고리즘은 '좋아요' 70개로 이용자의 마음을 친구들보다 더 잘 알아차렸습니다. '좋아요' 150개를 분석하자, 이용자를 가족보다 훨씬 더 잘 이해했고요. 더 놀라운 사실은 알고리즘이 오직 '좋아요'만으로 이용자의 성격을 파악했다는 것입니다. 인종이나 성별, 나이 그 어떤 것도 필요 없었지요.

지난 며칠 동안 자신이 어떤 게시물과 영상에 '좋아요'를 눌렀는지 떠올려 보세요. 고작 그것만으로 알고리즘이 나를 속속들이 파악한다니, 왠지 좀 오싹하지 않나요?

성격을 맞히는 알고리즘보다 더 오싹한 알고리즘도 있습니다. 영국의 정치 컨설팅 업체 케임브리지 애널리티카는 소셜 미디어인 페이스북 이용자 8700만 명의 데이터를 수집하고 분석해서 미국 대통령 선거에 이용했습니다.[4] 이용자들의 정치 성향이 보수적인지 진보적인지 알고리즘으로 분석한 것입니다. 누가 공화당을 지지하고 누가 민주당을 지지하는지 알아냈죠.

페이스북 이용자 대부분은 게시물에 자신의 정치적 입장을 직접 언급하지 않았습니다. 그렇다면 이용자들의 정치 성향을 어떻게 알아냈을까요? 이 역시 이용자들이 누른 '좋아요'를 분

소셜 미디어의 이용자 정보 수집에 항의하는 시위에 등장한 '좋아요' 피켓.

석하는 것만으로 충분했습니다. 알고리즘을 설계할 때 이용자가 어떤 게시물에 '좋아요'를 누르면, 그 게시물에서 자주 쓰인 단어나 자주 언급된 사람 등 100여 가지 요소를 골라냈다고 해요. 키워드와 키맨을 찾아낸 거죠. 그런 다음 그 요소들을 차원 축소, 행렬 분해 등 데이터를 다루는 여러 가지 방법으로 분석했어요.

알고리즘은 '좋아요'만으로 페이스북 이용자의 정치색을 85퍼센트 정확도로 알아냈습니다. 여기에 성별, 인종, 나이, 친구 등 사소한 정보 몇 개를 더하면 정확도가 90퍼센트를 넘었다고 해요.

심지어 케임브리지 애널리티카는 더 많은 정보를 얻기 위해 '당신의 디지털 생활'이라는 퀴즈 애플리케이션을 개발해 사람들이 자신의 정보를 제공하도록 유도하기도 했습니다. 그리고 이 데이터를 이용해 사람들에게 정치 광고를 있는 대로 쏟아부었습니다. "네가 지지하는 그 정당은 이런 문제가 있어.", "네가 잘살려면 저 후보 대신 이 후보를 찍어야 해."라고 콕 집어 맞춤 메시지를 노출한 거예요. 광고를 본 사람들은 자기도 모르게 투표할 때 마음이 흔들렸겠죠.

이 사실이 밝혀지자 많은 사람이 사생활 보호와 민주주의의 앞날을 걱정하며 항의했습니다. 의도적으로 알고리즘을 설계하고 멋대로 정보를 수집한 거대 소셜 미디어 기업에 분노한 것입니다.

'좋아요'는 사랑, '구독'은 인정, '알림 설정'은 약속?

그런데 전문가들은 앞서 말한 알고리즘이 넷플릭스나 왓챠, 웨이브 같은 OTTOver The Top, 온라인 동영상 서비스 플랫폼에도 쓰인다고 말합니다. 알고리즘은 영화와 드라마, 애니메이션과 다큐멘터리 등에서 100~500여 가지 중요한 요소를 뽑는다고 해요. 그런 다음 이용자가 누른 별표 평점과 어떤 관계가 있는지 분석해 맞춤 영상을 추천하죠.

추천 알고리즘이 실제로 어떻게 작동하는지 궁금하지 않나요? 넷플릭스뿐만 아니라 유튜브나 인스타그램, 틱톡 같은 소셜 미디어의 추천 알고리즘이야말로 더 자세히 알고 싶을 거예요. 알고리즘이 왜 내게 이런 콘텐츠를 추천했는지도 궁금하지만, 그보다 어떻게 해야 내 콘텐츠를 더 많은 사람에게 보여 줄 수 있을지 그 비법이 가장 궁금할 테니까요.

그 궁금증은 잠시만 접어 두고, 알고리즘이 뜬금없이 추천해 준 동영상 이야기로 다시 돌아가 봅시다. 알고리즘은 오늘도 우리를 신세계로 이끕니다. 그러면 우리는 "오! 또 알 수 없는 알고리즘이⋯⋯." 하며 '좋아요', '구독', '알림'을 누르겠죠. 하지만 말만 그렇게 할 뿐, 실제로 알고리즘이 아무렇게나 멋대로 작동한다고 믿는 사람은 없을 것입니다. 우연히 보게 되는 그 어떤 동영상도 사실은 우연히 추천된 게 아니라는 걸, 모두가 이미 잘 알고 있으니까요.

알고리즘은 내가 요리 영상을 하나 보면 청소나 방 정리 등 집안일에 관한 또 다른 영상을 추천하고, 그다음에는 스티커 깨끗하게 떼는 법이나 전동 드릴 사용법에 관한 영상까지도 추천합니다. 알고리즘이 카테고리를 점점 넓혀 가는 걸 알 수 있죠. 좋아하는 배우의 영상을 하나 보면 그 배우가 나온 모든 영상이 관련 콘텐츠로 뜹니다. 공통점에 초점을 맞춘 알고리즘이 작동했다고 짐작할 수 있어요.

우리는 알고리즘이 내가 무엇을 보고 듣는지, 어디를 방문하는지, 누구와 메시지를 주고받는지 등등 나의 '모든 흔적'을 쫓는다는 걸 확실히 느낍니다. 내 데이터뿐 아니라 유튜브에 접속하는 전 세계 수억 명의 데이터도 알고리즘 작동에 어떤 중요한 역할을 할 것이라는 사실도 짐작합니다.

그래요. 이렇듯 우리는 알고리즘의 존재와 그 작동 방식을 흐릿하게 짐작할 뿐입니다. 아마도 어떤 기계적이고 자동적인 방식으로 영상 추천 등을 처리하리라 추측하죠. 유튜브 이용자 수와 동영상 수가 어마어마한데 일일이 사람 손을 거쳐 처리할 수는 없을 테니까요. '잘은 모르지만 어떤 믿을 만한 시스템이 그 모든 걸, 순식간에 처리하겠지. 그런 시스템을 알고

리즘이라고 하는 거겠지.' 우리가 알고리즘에 관해 아는 건 대개 여기까지입니다.

그런데 우리는 그게 뭔지 잘 모르면서도 알고리즘이 하는 일을 꽤 신뢰합니다. 알고리즘이 분명 어떤 통계적이고 논리적인 방식으로 작동하리라 믿죠. 정확히 무엇인지 모르면서도 알고리즘을 의심하지 않습니다. 소프트웨어와 코딩에 관심이 있어서 실제로 이런저런 프로그램을 돌리거나 만들어 본 친구들도 자신의 명령이 실제로 수행되는 게 재미있고 신기할 뿐, 알고리즘 자체를 의심하지는 않을 거예요.

그래서 우리는 각종 온라인 플랫폼이 알고리즘을 사용해 인기순이나 최저가순, 최근 업로드순이라며 목록을 보여 줄 때 그대로 받아들입니다. 다시 말해 우리는 알고리즘이 객관적이고도 중립적으로 치우침 없이 데이터를 계산하고 분석한다고 믿습니다.

빅데이터와 인공 지능 덕분에 알고리즘은 나날이 우리 삶의 모든 곳에 영향력을 행사하고 있습니다. 분초 단위로 주가가 오르내리는 주식 시장, 수많은 차량이 엉키고 풀리는 교통 상황, 시시각각 변하는 기후와 날씨……. 알고리즘이 아니라면 어떻게 이 모든 걸 빠르고 정확하게 분석해 내겠어요? 첨단 기술의 발전으로 하루가 다르게 어지럽고 복잡하게 변해 가는 세상에서, 알고리즘의 예측과 판단은 인간 전문가들보다 훨씬 더 정확하고 탁월해 보입니다. 이런 믿음을 바탕으로 알고리즘은 단순한 계산과 데이터 통계 분석을 넘어 정치, 경제, 사회, 문화 등 모든 영역에서 이용되고 있어요.

인공 지능 통번역 알고리즘 '파파고'를 안 써 본 사람은 없을 거예요. 우리나라의 '로빈', '유렉스', '헬프미', '로보' 같은 법률 서비스 알고리즘은 간단한 상담을 하고 필요한 법률과 판례를 찾고 기초 서류도 작성해 줍니다. IBM의 인공 지능 알고리즘 '왓슨 포 온콜로지'는 암 환자를 진단하고 의료진의 처방과 진료를 돕죠. '시네리틱', '스크립트북', '볼트', '파일럿' 같은 알고리즘은 어떤 시나리오가 흥행할지 분석하고 영화가 개봉하기 전 관객 수를 예측합니다. 심지어 호주 정부는 원만한 이혼을 돕는 인공 지능 알고리즘 '아미카'를 개발했습니다.

이처럼 우리는 수많은 일을 점점 더 알고리즘에 맡기고 있습니다. 시나리오를 쓰고 음악을 작곡하고 그림을 그리는 알고리즘은 벌써 여럿입니다. 누구에게 생활 보조금을 줄지, 누

여기에도 알고리즘이?[5] | **분야별 알고리즘 활용 사례**

분야	기업	활용 현황
검색	구글	여러 개의 알고리즘으로 구성된 구글 랭킹 시스템
	네이버	시의성·관련도·정확성 기준으로 검색 결과를 도출하는 검색 알고리즘
콘텐츠	넷플릭스	취향 맞는 콘텐츠 추천, 분류 도와주는 '태거(tagger)' 운영
	틱톡	가입할 때 선택한 관심 카테고리와 관련된 영상 제공
	유튜브	검색 기록, 재생 목록, 좋아요 등 데이터를 분석해 영상 추천
쇼핑	오픈마켓	소비자의 과거 주문 기록, 살펴본 물건을 종합해 상품 추천
	카카오	선물 받는 사람의 취향 알고리즘을 분석해 맞춤 선물 추천
투자	H금융투자	시장 지표와 거시 지표를 분석해 상품을 골라 추천
	S금융투자	앱에서 사고판 주식을 분석해 종목 추천
	K자산운용	기업 실적, 이익 추정치, 개선 속도를 분석해 분산 투자하는 로보어드바이저
교육	에듀테크 기업	6문제로 사용자 토익 점수를 예측하는 인공지능 알고리즘 서비스
의료	의과대학 부속병원	환자 상황, 병원 지원 현황에 맞게 병상 배분하는 알고리즘 서비스
채용	취업 플랫폼	면접자 분석해 성향, 능력 분석하는 AI 면접 채용 솔루션
환경	세계벌프로젝트	벌집 내 IoT 센서, 마이크, 카메라로 수집한 데이터 알고리즘으로 분석
	정부간기후변화위원회	30개의 기후 모델로 전 세계 데이터를 알고리즘으로 분석
	하와이대학멸종위기센터	드론으로 수집한 데이터를 분석해 멸종 위기종 보호

구에게 의료 지원을 할지, 누가 테러리스트인지 구분하는 일까지 알고리즘에 맡깁니다. 인간이 직접 하는 것보다 시간이 적게 들고, 돈이 적게 들고, 더 객관적이고, 더 중립적이고, 더 정확할 것 같다고 생각하면서요.

알고리즘의 시대를 무사히 통과하려면

그런데 정말 알고리즘을 믿어도 될까요? 사실 지난 십수 년 동안 알고리즘은 인류를 여러 번 당황하게 했습니다. 아무 죄 없는 사람을 테러리스트로 만들거나 인종, 성별, 나이, 재산에 따라 사람을 차별했거든요.

우리나라에서도 몇 해 전 포털의 뉴스 배열을 두고 큰 논란이 일었습니다. 가장 먼저 눈에 띄는 뉴스가 정치적으로 어느 한쪽에 치우쳐 여론을 잘못 이끌었기 때문입니다. 포털 사업자는 알고리즘이 자동으로 뉴스 배열을 했을 뿐이라고, 알고리즘을 설계할 때 그 어떤 치우침도 없었다고 항변했지요. 이보다 더 위험한 경고도 있습니다. 알고리즘이 우리를 점점 더 온라인 플랫폼과 소셜 미디어에 중독되도록 만들어 결국 인간의 생각과 행동을 지배할 거라는 우려죠.

　도대체 알고리즘이 어떻게 작동하기에 자꾸 경계하라는 목소리가 들려올까요? 객관적이고 중립적이라고 믿었던 알고리즘은 우리를 어디로 이끄는 걸까요? 알고리즘이 점점 더 우리 삶에 깊숙이 개입하는 오늘날, 우리는 그 이유를 반드시 알아야 합니다.

　알고리즘은 우리에게 새로운 세상을 보여 주고 우리의 취향을 넓히며 결정의 순간에 선택과 판단의 어려움을 덜어 줍니다. 그런데 뒤집어 생각하면, 우리는 알고리즘에 '분석'당하고 '추천'당하고 그 영향을 받아 '변하고' 있는 거예요. 우리도 모르는 사이에 내 삶의 주도권을 슬금슬금 내주고 있지요.

　그러니 알고리즘에 더 길들기 전에 우리는 그것이 무엇인지 제대로 알아야 합니다. 초연결 디지털 시대를 무사히 통과할 수 있도록, 알고리즘의 세계로 함께 들어가 볼까요?

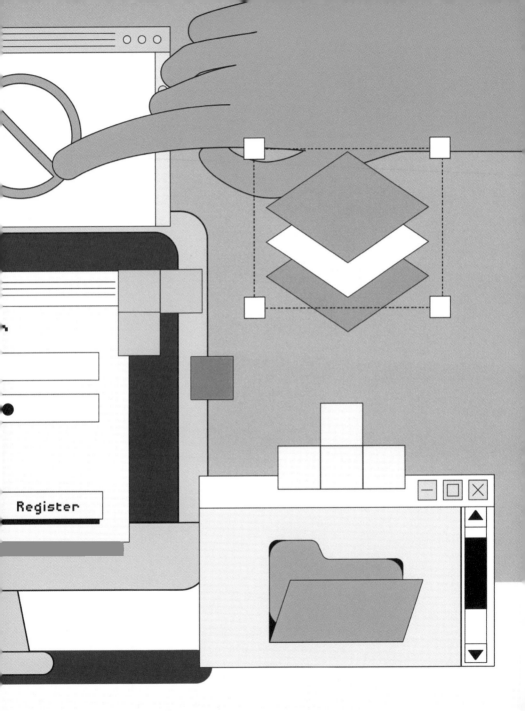

Register

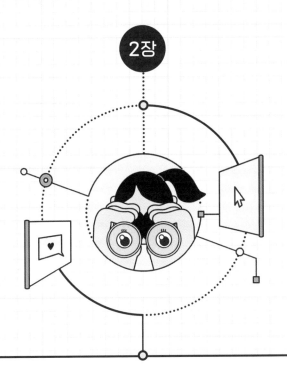

2장

알고리즘은 알고 있다, 너를

: 유튜브 추천 알고리즘이
우리 뇌를 해킹한다면

A L G O R I T H M

고양이는 내 검색 창에서만 똑똑하다

사자와 호랑이 중 어느 쪽이 더 힘이 셀까요? 여러분 나이에 이런 질문을 했다가는 그간 쌓아 온 지적 이미지가 한 번에 무너지겠지만, 청소년 Z는 사실 다섯 살 때부터 그게 계속 궁금했습니다. 그래서 남몰래 휴대 전화를 켜고 인터넷 검색 창에 이 질문을 입력해 봅니다. 검색 결과에 호랑이의 지구력에 관한 내용이 뜨네요. 어느새 다가온 친구가 말합니다.

"너 사자보다 호랑이를 더 좋아하는구나?"

"아니, 내가 무슨 애냐? 뭘 더 좋아해?"

"왜 또 정색하고 그래. 맞잖아. 너 새해에도 호랑이해라고 운세 검색했지?"

어떻게 알았을까요? Z는 당황합니다. 집에 돌아온 Z는 보호자의 노트북을 열고 다시 검색합니다. 검색 결과 중간에 프로 야구팀인 삼성라이온즈와 KIA타이거즈가 보이네요. 뭐, 두 팀의 경기도 사자와 호랑이의 싸움이긴 하죠. 어쨌든 검색 결과가 자신의 휴대 전화로 검색한 결과와 미묘하게 다르다는 걸 느낀 Z는 다음 날 한 가지 실험을 해 보기로 합니다.

"야, 개랑 고양이랑 누가 더 똑똑한지 검색해 보자."

Z는 개를 좋아하고 친구는 고양이를 반려동물로 기르죠. 친구는 잠시 Z를 바라보더니 순순히 휴대 전화 검색 창에 '개와 고양이 중 더 똑똑한 동물은?'을 입력합니다. Z도 같은 검색 사이트를 열어 물음표까지 똑같이 입력하고요.

"고양이의 지능이 궁금해! 최근 온라인 커뮤니티 사이트 및 포털 사이트와 SNS 등지에 '고양이의 지능'이라는 글이 게재됐다. 해당 게시글에는 '고양이의 지능이 육상 동물 중 침팬지……."

친구의 검색 결과입니다. 고양이가 침팬지 다음으로 똑똑하다는 이야기겠네요. 그런데 Z의 검색 결과는 달랐습니다. 친구가 그 내용을 소리 내어 읽기 시작합니다.

"집단생활 뛰어난 똑똑한 개, 인간의 소울 메이트로……. 이럴 줄 알았다. 너 맨날 개 사진 검색하지?"

"넌 알고 있었어? 너랑 나랑 똑같은 걸 검색해도 결과가 다르게 나온다는 거?"

"당연하지, 그럼. 알고리즘 몰라, 알고리즘?"

개를 좋아하는 사람에게는 개가 더 똑똑하다는 검색 결과를 보이고, 고양이를 좋아하는 사람에게는 고양이가 더 똑똑하다는 결과를 보이다니……. 이쪽에 와서는 이랬다 저쪽에 가서는 저랬다 하는 박쥐 같지 않나요? 알고리즘은 도대체 정체가 뭘까요?

여러분도 검색 알고리즘이 사람마다 검색 결과를 다르게 보여 준다는 사실을 알고 있었나요? 방금 들려준 이야기는 구글 계정에 로그인하고 검색했을 때 일어나는 일이에요. 구글은 수천억 개의 웹페이지와 어마어마한 데이터 속에서 이용자가 원하는 정보를 어떻게 찾아 어떤 순서로 보여 줄까요? 연관된 단어, 공신력 있는 사이트, 최신 데이터 여부 등을 고려해 인공 지능 랭킹 알고리즘이 정한 순서대로 보여 주지요. 여기에 위치 정보와 이용자가 남긴 데이터를 매우 적극적으로 반영한다고 해요.

검색 창에 똑같이 '축구'를 검색해도, 그곳이 영국이라면 프리미어 리그, 독일이라면 분데스리가 관련 게시물이 먼저 뜹니다. 구글은 '개인의 취향을 반영한 디테일한 검색 서비스'를 추구한다고 밝혔죠. 그 결과 연관 검색어조차 이용자마다 다르게 제공합니다. '기후 위기'를 검색 창에 입력하는 순간, 어떤 이에게는 '기후 위기 심각성', '기후 위기 대응 방안'

이 연관 검색어로 뜹니다. 하지만 또 다른 이에게는 '기후 위기 허구', '기후 위기 속임수'라는 연관 검색어가 뜨죠. 전자는 환경 문제에 관심이 많은 사람이라 평소에 그와 관련된 정보를 자주 검색했을 것입니다. 후자는 기후 위기의 위협이 과장되었다고 느꼈기에 그와 관련된 정보를 주로 찾아보았겠죠.

우리나라 검색 엔진인 네이버와 다음 등은 구글처럼 개인 맞춤 검색을 제공하지 않습니다. 누구에게나 똑같은 검색 결과를 보여 주지요. 대신 이용자가 남긴 데이터로 개인 맞춤 광고를 띄워 사람마다 전혀 다른 광고를 보게 합니다.

맞춤 추천 알고리즘의 비밀

사람에 따라 다른 결과를 보여 주는 알고리즘이 또 있습니다. 바로 '추천 알고리즘'입니다. 추천은 무척 어려운 일입니다. 아무에게나 함부로 아무거나 권해서는 안 되죠. 사람마다 좋아하는 게 다르니까요.

한 시장 조사 업체가 설문 조사를 했는데 "개인의 취향은 존중되어야 하지만88퍼센트", "우리 사회는 취향을 드러내기 어

문화체육관광부와 춘천시의 행사 포스터. '취향 존중'은 공공 기관과 관공서의 슬로건으로 쓰일 만큼 흔하고 일상적인 개념이 되었다.

려운 사회51퍼센트"이며, "그룹에서 소외되기 싫어 취향을 드러 내지 않는다.48퍼센트"라는 대답이 돌아왔습니다.[6] 취향을 드러 내야 좋은 아이템을 추천받을 텐데, 한국 사회는 아직도 타인 의 시선에서 자유롭지 못하다는 거예요. 이럴 때 각종 플랫폼 의 추천 서비스가 취향에 맞춰 제대로 추천해 준다면 고마운 일이겠죠.

유튜브가 어떤 방식으로 영상을 추천하는지 무척 궁금했을 거예요. 추천이 중요한 넷플릭스 같은 OTT 서비스나 멜론 같은 음악 서비스는 물론, 각종 온라인 쇼핑 앱에 널리 쓰이는 알고리즘의 비밀을 파헤쳐 볼까요?

추천 알고리즘의 첫 번째 원리는 협업 필터링Collaborative Filtering입니다. 이용자 정보를 분석해 비슷한 취향을 가진 이용자들이 기존에 좋아하던 것들을 서로 추천하는 알고리즘이죠. 조사해 보니 A, B, C, D를 비롯해 여러 명이 컵라면, 삼각 김밥, 탄산음료를 샀다고 해 봐요. 그러면 컵라면과 삼각 김밥을 산 E에게는 탄산음료를, 컵라면만 산 F에게는 삼각 김밥과 탄산음료를 추천하는 방식이에요. 라면과 김밥, 사이다의 조합은 최고죠. E와 F는 추천에 크게 만족하고, 다음부터는 세 가지를 세트로 구매할 거예요.

이 알고리즘이 제대로 작동하려면 수많은 이용자에 관한 상세 정보가 필요합니다. 알고리즘은 이용자들을 취향에 따라 그룹으로 묶어요. '편의점 그룹', '백화점 그룹' 같은 식으로요. 그리고 그 그룹에 속한 사람들이 공통으로 많이 구매한 제품이나 많이 본 콘텐츠를 뽑아 아직 그 콘텐츠를 접하지 않은 사람에게 추천하죠. 서로 취향이 비슷한 사람끼리 묶였으니 추천한 콘텐츠를 좋아할 확률이 매우 높습니다. '이 영상을 본 사람이 본 다른 영상', '이 제품을 구매한 사람이 구매한 다른 상품'이라는 이름으로 서비스되기도 해요.

이때 사람들이 많이 본 콘텐츠일수록 더 많이 추천되기 때문에 소수의 인기 콘텐츠가 조회 수나 판매량을 독점하기 쉽습니다. 내용이 좋아도 데이터가 부족해 외면받는 콘텐츠가 생기기고요. 반대로 잊혔던 콘텐츠에 색다른 이슈가 생겨 많은 추천을 받게 되면 이른바 역주행을 할 수도 있어요.

이용자 정보에 좌우되다 보니, 플랫폼에 처음 가입한 이용자의 경우에는 데이터가 없어서 알고리즘이 제대로 작동하지 않아요. 이런 현상을 '콜드 스타트Cold Start라고 부릅니다.

이 알고리즘은 데이터가 많이 쌓일수록 더 다양하면서도 취향에 맞는 콘텐츠를 추천할 수 있어요. 데이터 분석에 많은 시간이 걸리기 때문에 알고리즘이 더 빠르고 정확하게 작동하도록 효율성을 높이는 방법을 계속 개발하고 있죠. 특히 인공지능의 중요한 알고리즘인 머신 러닝, 딥 러닝 방식이 계속 실험되고 있습니다.

유튜브 알고리즘 구조

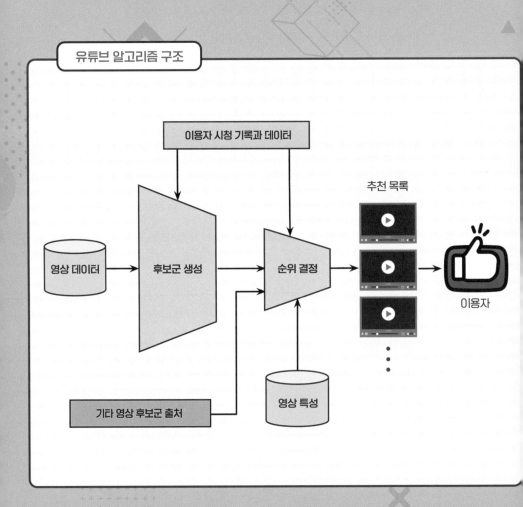

이용자 시청 기록과 데이터

추천 목록

영상 데이터 → 후보군 생성 → 순위 결정 →

이용자

기타 영상 후보군 출처

영상 특성

협업 필터링

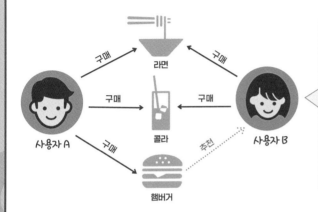

작동 방식

이용자들의 행동 정보를 분석해 비슷한 취향을 가진 사람들이 좋아하는 아이템을 서로에게 추천

예) 이 상품을 구매한 사람들이 구매한 제품, 이 영상을 본 사람들이 본 영상

콘텐츠 기반 필터링

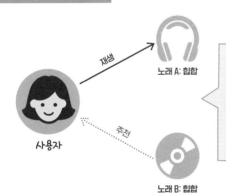

작동 방식

음악이라면 분위기, 장르, 빠르기 등 콘텐츠를 분석해 이용자가 선호하는 것을 추천

예) 비슷한 상품 찾기, 유사 곡 추천, 유사 영화 추천

추천 알고리즘의 두 번째 원리는 콘텐츠 기반 필터링Contents
-based Filtering입니다. 콘텐츠 자체의 특징을 분석해 추천하죠. 우리가 늘 경험해 오던 전통적인 추천 방식과 비슷해요. 가령 영국의 록 밴드 콜드플레이의 노래를 좋아한다는 친구에게 콜드플레이의 다른 노래나 또 다른 브릿팝을 소개하는 것과 같아요. 다만, 알고리즘이 콘텐츠 특징과 이용자 취향을 분석한다는 점이 다르죠. 이 알고리즘은 이용자가 좋아하는 게 한정되다 보니 다양한 콘텐츠를 추천하기 어렵다는 단점이 있어요. 액션 영화를 좋아하는 사람이 작가주의 예술 영화를 좋아하기란 어려우니까요. 추천에 한계가 생기죠.

알고리즘은 이를 극복하기 위해 항목을 아주아주 잘게 쪼개요. 영화라면 우선 장르와 감독, 출연 배우 등 기본 항목으로 나누고, 공포 영화는 무서운 장면이 몇 분이나 나오는지, 뼈가 부서지고 피가 튀는지, 잔혹한 장면 없이 분위기만 으스스한지까지 분석합니다. 이용자의 행동도 세세하게 분석해요. 이용자가 처음 플랫폼에 가입할 때 미리 확인한 선호 장르나 배우를 고려하는 건 기본입니다. 어떤 시간에 어떤 콘텐츠를 얼마나 오래 봤는지, 어떤 장면을 건너뛰며 봤는지까지도 분석합니다. 그런 다음 영화의 세부 항목과 이용자의 행동 사이에 공통점이나 연결점을 적극적으로 찾아내 콘텐츠를 추천하죠.

대부분 플랫폼이 이 두 가지 알고리즘을 동시에 사용합니다. 넷플릭스의 앙상블 알고리즘처럼 두 추천 방식의 장점만을 합쳐 강력한 추천 알고리즘을 새롭게 개발하기도 해요.

나도 모르는 나를 찾아 준다고?

어떤가요? 추천 알고리즘의 비밀을 알고 나니 여러분이 만든 콘텐츠가 추천을 많이 받을 수 있는 비법도 보이나요? 정답은 모두가 관심 있어 할 내용을 꾸준히 많이 업로드하는 거예요. "교과서 중심으로 공부해 명문 대학 갔다."라는 말과 비슷하죠? 유명한 BJ나 인플루언서가 되는 길은 쉽지 않네요. 그나마 이슈로 떠오르면 관심을 받기 쉬우니, 그렇게들 막말하고 혐오 표현을 쓰거나 값비싼 물건을 내세우는 거겠지요.

인기 있는 크리에이터가 되고 싶은 마음은 잠시 접어 두고, 알고리즘 작동 방식에 집중해 봅시다. 알고리즘은 내 마음에 쏙 드는 콘텐츠를 추천하기 위해 정말이지 엄청난 노력을 하지 않나요? 그래서 알고리즘이 추천한 영상이 생각보다 볼 만하고, 한번 보기 시작하면 계속 다른 영상들을 이어서 보게 되는 거겠지요. 그러면서 생각합니다.

'아, 몰랐는데 나 이런 것도 좋아하는구나!'

나도 모르는 나를 발견해 주다니, 혹시 알고리즘의 추천이 고마운가요? 그런데 이렇게 알고리즘이 나를 점점 더 속속들이 파악해 갈수록 왠지 마음 한구석이 찜찜할 거예요. 카피라이터이자 만화가이고 시인이기도 한 홍인혜 작가는, 자신이 좋아하는 걸 정확히 추천하는 알고리즘 앞에서 스스로에게 실망했다고 해요.[7] 자신을 복잡 미묘한 존재, 섬세하게 취향을 다듬어 온 존재, 예측할 수 없는 독특한 존재라고 생각했는데 알고리즘에 너무나 쉽게 파악당해 버렸기 때문이지요.

누구보다 예민하고 창조적인 삶을 사는 시인조차 알고리즘 앞에서 고민합니다. '내가 느끼는 것, 내가 생각하는 것의 어디까지가 나일까?', '내 선택에는 내 의지가 얼마나 들어 있을까?'라고 말이에요. 그러니 시인보다 훨씬 더 단순하게 사는 우리는 알고리즘 앞에서 "어, 내가 이런 사람이었나?" 하고 당황할 수밖에 없죠.

사실 우리는 온갖 온라인 플랫폼 서비스가 우리의 정보를 수집하고 있다는 걸 잘 알고 있습니다. 그렇다고 인터넷에 접속하지 않고 지낼 순 없죠. 개인 정보 보호를 위해 매번 검색 기록과 방문 기록을 삭제하라고 하지만, 성가신 일이에요. 위치 정보나 카메라, 앨범에 접근하는 것도 허용하지 말라지만, 허락하지 않으면 기능을 이용하지 못하게 막아 둔 앱이 대부분입니다.

그래서 우리는 어쩔 수 없이 흔적을 남깁니다. 내 기록이 남는 걸 완전히 피할 수는 없어요. 그런데 막상 내 정보가 저

장되면 의외로 편리하다는 걸 금방 느낍니다. 매번 들어가는 온라인 수업 사이트나 게임 앱에 아이디와 비밀번호를 저장하고 자동 로그인을 해 두면 일일이 입력해야 하는 수고를 덜 수 있으니까요.

또 내가 찾아보고 구매한 제품들의 검색 내역과 주문 내역이 그대로 저장되어 언제든 확인할 수 있는 것도 나쁘지 않습니다. '뭐가 필요했더라?', '지난번에 사려고 했던 게 뭐였지?' 하며 머리를 싸매지 않아도 필요한 물건을 바로 주문할 수 있죠. 쓸데없는 과소비를 조장한다는 비판도 있지만, 물건을 고르고 구매하는 데 드는 시간을 확실히 아낄 수 있습니다.

소셜 미디어에 들어갈 때나 음악, 영상 같은 미디어 콘텐츠를 즐길 때는 적극적으로 나의 관심사를 표현하기도 합니다. '좋아요'를 누르고 '구독'을 누르고 '알림'을 설정하고 내 위치를 제공하는 데 '동의'하고 앨범과 연락처에 접근할 수 있도록 '허용'하죠. 알고리즘이 이를 데이터로 모은다는 사실을 알면서도 말이에요. 그러면 알고리즘은 내게 필요하면서도 내가 좋아할 만한 것들을 추천합니다.

그것들은 오직 '나'만을 위한 정보입니다. 그야말로 '맞춤'

인 정보를 별다른 노력 없이 손쉽게 얻을 수 있지요. 그런 점에서 알고리즘은 한 사람, 한 사람을 위한 굉장히 편리하고 효율적인 시스템일지도 몰라요.

초연결 시대의 초개인화 서비스

대형 마트나 백화점은 고객이 물건을 더 많이 사도록 진열에 신경 씁니다. 그동안 축적된 판매 경험과 데이터를 바탕으로 많이 팔렸거나 많이 팔릴 거라 예상하는 제품을 고객 눈높이에 맞춰 바로 집어 들도록 진열하지요. 온라인 쇼핑몰도 마찬가지입니다. 플랫폼 사업자는 최대한 물건을 더 많이 팔 수 있도록 상품을 배열하겠죠. 이때 알고리즘이 수집한 개인 정보가 유용하게 쓰입니다.

그런데 온라인 쇼핑몰에는 마트나 백화점과는 완전히 다른 점이 하나 있습니다. 바로 지금 쇼핑몰에 들어온 이용자가 '나 혼자'라는 사실입니다. 쇼핑 앱은 나만을 위한 플랫폼입니다. 오프라인이라면 나만을 위한 백화점이겠죠. 나만을 위한 백화점이라니, 상상만으로도 즐겁지 않나요? 영화나 드라마 속 돈

나이키는 개인화 서비스 제공을 위해 시가 총액 천억 달러(약 121조 원)인 인공 지능 데이터 분석 스타트업을 인수했다.

이 넘쳐 나는 주인공이 부럽지 않네요. 점원이 음료와 간식까지 챙겨 가며 눈앞에 내 취향과 내 스타일에 딱 맞는 물건을 들고 옵니다. "다른 것도 보여 드릴까요? 이건 어떠세요? 이번 시즌 한정판 신상입니다." 하고 최고급 서비스를 제공하겠죠.

여러분이 '로그인'하는 순간, 휴대 전화에서도 나만의 백화점이나 다름없는 서비스가 제공됩니다. 앞에서 살펴본 추천 알고리즘이 작동해 나에게 딱 맞는 제품만 보여 주니까요. 심지어 그렇게 추천된 제품을 내 마음대로 다시 맞춤 제작할 수 있습니다. 바로 '커스터마이징'이죠. 이렇게 이용자의 행동 패턴과 상황을 수집하고 분석해서 이용자에게 딱 맞는 서비스와 상품을 제공하는 기술을 '초개인화 기술Hyper-personalization, 하이퍼 퍼스널리제이션'이라고 해요.

초개인화 기술은 이용자들의 데이터를 프로파일링하는 데서 시작합니다. 프로파일링이라는 말을 어디선가 들어 봤을 거예요. 사건 현장에 남겨진 증거나 범행 수법을 분석해 범인의 특징과 심리 상태를 추리하고, 그걸 바탕으로 범인의 프로필을 알아내는 기술이죠. 바로 이렇게 말이에요.

"모든 것을 종합해 볼 때, 범인은 나이 40대 후반, 몸집은 작고 말랐으며, 평소 조용한 성격으로 눈에 띄지 않고, 냉동 물건을 취급하는 직업을 가졌으며……"

이렇게 알고리즘은 범죄 사건을 추적하는 프로파일러처럼 우리를 분석합니다. 온라인 플랫폼에 남겨진 흔적을 집요하다 싶을 정도로 쫓아 이용자를 열심히 특정하지요. 범죄자 프로필보다 더 자세하고 정확하게 말이에요.

예를 들어 세계 최대의 온라인 쇼핑몰 아마존은 "이용자를 1명이 아니라 0.1명으로 쪼개라."라고 말해요. 책을 고를 때, 영화를 볼 때, 음악을 들을 때, 옷을 살 때, 식료품을 주문할 때 각각 어떤 행동 패턴을 보이는지 추적하죠. 음악을 고를 때도 낮과 밤에 따라 혹은 주중과 주말에 따라 어떻게 다른지 추적해요. 24시간 365일 수집한 정보를 각종 인공 지능 알고리즘으로 분석합니다.

전문가들은 알고리즘이 우리가 영상을 몇 초나 보다가 껐는지, 소셜 미디어 화면의 스크롤을 내리다 어디서 잠시 멈췄는지, 영화를 볼 때 빨리 감기와 되감기를 몇 번이나 했는지까지 치밀하게 분석한다고 말해요. 여기에 나와 비슷한 취향을 가진 사람들의 데이터를 바탕으로 내가 어떤 행동을 할지도 분초 단위로 예측하죠. 나와 비슷한 그룹으로 묶인 A가 소셜 미디어 광고를 보고 8초 후 구매 페이지를 클릭했다면, 내 소셜 미디어에도 8초 안에 제품의 핵심 설명이 나오는 광고를 끼워 넣는 거예요. 놀랍게도 내가 그 광고를 보고 물건을 구매할 확률은 다른 광고의 4배나 된다고 해요.

그렇게 초개인화된 추천 알고리즘은 그날, 그 시간, 그 상황에 맞는 검색 결과와 영화를, 음악을, 물건을, 뉴스를 나에게 소개합니다. 이제 알고리즘이 왜 이렇게까지 집요하게 나를 분석하고 상품과 서비스를 들이미는지 알겠죠? 네, 매출을 올리고 이익을 남기기 위해서입니다. '돈'을 벌기 위해서죠.

우리의 관심이 그들의 상품이다

우리는 콘텐츠의 홍수 속에 살고 있습니다. 그러다 보니 나에게 무엇이 재미있고 무엇이 필요한지 찾아내기가 점점 힘들어지고 있죠. 그래서 우리의 마음을 꿰뚫어 보고, 나와 비슷한 사람들과 묶어 주고, 나보다 더 나를 잘 아는 추천 알고리즘이 꼭 필요하다는 목소리도 커요.

그렇다 해도 이토록 집요하게 나를 쫓고 분석하는 건 지나치다는 생각이 들지 않나요? 하지만 구글, 아마존, 유튜브, 인스타그램, 페이스북 등 글로벌 빅 테크 기업들은 아직도 데이터가 모자란다고 말합니다. 데이터가 많으면 많을수록 이용자들을 더 잘 유혹할 수 있고, 그래야 이용자들이 온라인 플랫폼에 머무는 시간이 길어지면서 광고에 더 많이 노출되기 때문입니다. 다달이 돈을 내는 구독 서비스들 역시 이용자가 머무는 시간이 곧 매출로 이어지죠.

그러나 기업이 이렇게까지 우리가 온라인 플랫폼에서 하는 모든 일을 관찰하고 수집할 필요는 없어요. 수집해서도 안 되고요. 이것은 데이터 수집이 아니라 오히려 감시와 추적에 가깝습니다. 그렇게 가져간 내 데이터를 바탕으로 추천된 광고 역시 나를 끈질기게 쫓아옵니다.

신발을 한 짝만 잃어버리는 꿈을 꿔서 커뮤니티 게시판에 해몽을 물어봤나요? 친구와 새로 나온 콘솔 게임기에 관해 대화를 나눴다고요? 그렇다면 한동안 온라인에 접속할 때마다 신발과 게임기 광고의 융단 폭격을 감수해야 합니다. 이런 일을 당하면 누가 내 일거수일투족을 지켜보는 듯한 기분에 등골이 오싹해지죠. 누가 나를 스토킹하는 기분이 이럴까요? 사생활 침해, 개인 정보 유출, 나를 쫓는 천 개의 눈동자 같은 말들이 저절로 떠오릅니다. 조지 오웰의 소설 『1984』에 나오는 독재자 빅 브러더도 생각날 거예요. 실존 인물인지 아닌지 모호하다는 점이나 도청 장치와 텔레스크린으로 정보를 수집하고 사람들을 감시하는 모습이 알고리즘과 비슷하지요.

하지만 오싹한 기분도 처음에나 들었을 뿐, 우리는 시간이 지날수록 덤덤해집니다. 게다가 원래 관심이 있어서 그 제품을 검색하고 관련된 이야기를 나누었기에, 광고인 줄 알면서도 지나치지 못하고 눈길을 줄 때가 많아요. 그렇게 좀 오래 봤다 싶으면, 광고는 더욱 끈질기게 따라붙습니다. 게시물을 가장한 사용 후기와 최신 제품의 대박 할인 정보를 더해서 말이에요. 광고라는 걸 느끼지 못할 만큼 흥미롭고 다양한 형식으로 제공되는 광고에 우리는 눈을 떼지 못합니다.

아마존 창업자 제프 베이조스는 "사용자 한 명 한 명에 맞춘 권유와 추천으로 인공 지능이 실시간으로 일대일 마케팅을

실행하게 하라. 그때 고객이 거래하고 있다고 느끼지 않게 하라."라고 말했어요. 그래야 제품을 더 많이 팔 수 있다는 거죠.

그런 끈질긴 광고의 유혹에 흔들리지 않고 제품을 구매하지 않는다면 어떨까요? 꼿꼿한 태도로 알고리즘의 공격을 막아 냈으니 문제가 없을까요? 그렇지 않습니다. 트위터 핵심 개발자였던 제프 지버트는 "상품에 대한 비용을 내지 않은 경우, 당신이 바로 그 상품입니다."[8]라고 말해요.

그래요. 우리가 소셜 미디어에 들어갔다 나오기만 해도 그 모든 행동이 저장되고 데이터로 만들어져 각종 알고리즘에 이용됩니다. 마치 새로운 약이 개발되었을 때 자발적으로 임상 시험에 참여하는 사람들처럼 자신의 데이터를 제공하는 거예요. '이런 취향을 가진 사람은 이런 걸 좋아하고 이렇게 행동한답니다.'라는 질 높은 정보를 공짜로, 그것도 자발적으로 가져다 바치는 거죠. 이렇게 수집한 데이터를 기반으로 빅 테크 기업들은 나날이 사상 최고의 이익을 얻고 있습니다.

알고리즘 중독

제프 올롭스키 감독이 2020년에 만든 다큐멘터리 〈소셜 딜레마〉에는 다소 충격적인 내용이 등장합니다. 소셜 미디어 기업이 이용자들을 플랫폼에 최대한 오래 머무르도록 일부러 '중독'을 유도하는 알고리즘을 사용한다는 거죠.

구글에서 디자인 윤리를 담당했던 트리스탄 해리스는 유튜브나 틱톡의 자동 재생 기능이 중간에 쉽게 끌 수 없도록 만든다고 밝혔어요. 여러분도 '아, 진짜 이것만 보고 자야지.' 하면서 손에서 스마트폰을 놓지 못한 적이 많았을 거예요.

인스타그램, 페이스북, 트위터의 피드가 끝없이 이어지는 것도 중독적입니다. 손가락으로 계속 화면을 쓸어 올리는 동안 '다음엔 뭐가 나올까?'라는 호기심이 끝없이 자극되어 쉽게 멈출 수 없죠. 특히 피드를 위로 당겨 새로운 게시물을 확인하는 방식은 슬롯머신과 그 원리가 정확히 같다고 해요. 슬롯머신은 카지노에서 레버를 당겨 그림을 아래로 끌어내리면 자동으로 그림이 돌아가는 도박용 기계입니다. 우리가 스마트폰 화면을 손가락으로 당겼다가 놓는 방식과 놀라울 정도로 일치하지요. 카드 게임처럼 머리를 쓸 필요도 없이 그저 운에 따라

다큐멘터리 <소셜 딜레마>에는 구글, 페이스북, 트위터 등에서 일했던 사람들이 등장해 알고리즘의 해악을 고발한다.

'777'처럼 무늬를 맞추면 큰돈을 벌 수 있는 슬롯머신은 중독되기 쉽습니다. 우리가 화면을 당겨 '새로고침'하는 행동은 카지노의 도박 중독자들과 다를 바 없다는 거예요.

해리스는 경고합니다. "소셜 미디어의 알고리즘은 뇌 깊숙이 들어가 이용자에게 무의식적 습관을 심는다. 책상 위 스마트폰을 볼 때마다 계속 눈이 가고 손을 뻗기 마련이다. 재미있을 것 같으니까. 그리고 '슬롯머신'을 당겨 본다. 그건 우연이 아니라 그렇게 디자인된 것이다."

그는 누구나 들어가길 꿈꾸는 빅 테크 회사에서 이용자들을 '조종'하던 일을 그만두고 '인도적 기술 센터'를 만들어 활동하고 있습니다.

우리 뇌가 납치당하고 있다고?

뇌과학자이자 과학 커뮤니케이터인 장동선 박사는 "내가 보고 싶은 것을 보고 있는 것일까, 아니면 알고리즘에 빨려 들어가고 있는 것일까?"라고 질문하며 알고리즘에 의한 디지털 중독을 경고합니다.[9] 좋은 의도로 탄생한 소셜 미디어가 우리 뇌를 해킹하고 있다고 말하면서요.

스마트폰을 손에 드는 순간 내 취향에 딱 맞춰 마음을 사로잡는 시각적 자극이 끊임없이 제공됩니다. 나와 비슷한 사람, 또 나와 완전히 다른 수많은 사람의 행동 패턴을 추적하고 분석한 알고리즘이 화면에서 눈을 뗄 수 없게 만들죠. 이때 뇌는 주의력을 빼앗깁니다. 책을 읽을 때 우리는 장면을 상상하거나 이 내용이 정말인지 의심하는 등 콘텐츠에 거리를 둘 수 있습니다. 하지만 영상을 볼 때면, 특히 나의 관심사와 정확히 일치하는 내용이 화려하게 편집되어 빠른 속도로 재생되는 영상을 볼 때면 상상과 의심은 흐려집니다. 거리 두기는커녕 '와, 이게 뭐야?', '어, 그렇구나.' 하며 내용을 따라가기 바쁘죠. 뇌가 주도권을 잃고 콘텐츠의 흐름에 휩쓸리는 거예요.

사실 우리는 어릴 때부터 미디어 사용법에 관해 귀에 못이 박히도록 들어 왔습니다. 휴대 전화와 스마트 기기 사용 시간 제한하기, 위치 정보와 카메라나 연락처 공유 안 하기, 개인 정보 제공에 동의 안 하기, 좋아요·구독·알림을 설정할 때 한 번 더 생각하기, 다른 사람의 앱 접근 허용 안 하기, 의심스러운 메시지와 게시물에는 신고·삭제·차단의 삼단 콤보 날리기.

하지만 그것만으로는 주의력을 흩뜨리고 뇌를 어지럽히고 중독에 이르게 하는 알고리즘에 저항하는 데 한계가 있습니다. 알고리즘은 과연 무엇이길래, 도대체 어떤 방식으로 작동하길래 우리 삶의 주도권을 빼앗는 걸까요? 그 답을 찾기 위해 다음 장에서 알고리즘의 A부터 Z까지 해부해 봅시다.

온라인 플랫폼은
이용자의 개인 정보와 모든 활동을
무차별적으로 대량 수집한다.

수집한 데이터를 바탕으로 치밀하게 설계된
추천 알고리즘은 이용자마다 다른 맞춤 정보를 제공해
콘텐츠 홍수 시대에 안내자 역할을 하는 동시에
앱 구독과 제품 구매를 유도해 큰 이익을 남긴다.

글로벌 빅 테크 기업들은
더욱 강력한 알고리즘으로
이용자들이 중독에 가까울 정도로
플랫폼에 몰입하게 만들고 있다.

그렇게 우리는 알고리즘에 삶의 주도권을 내주고 있다

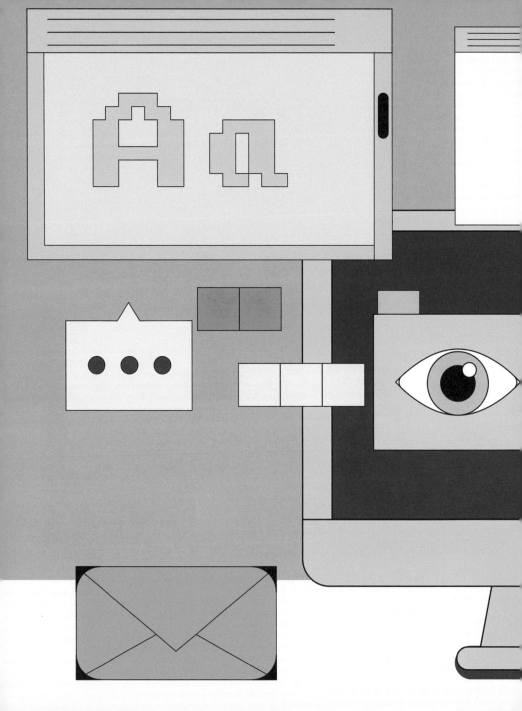

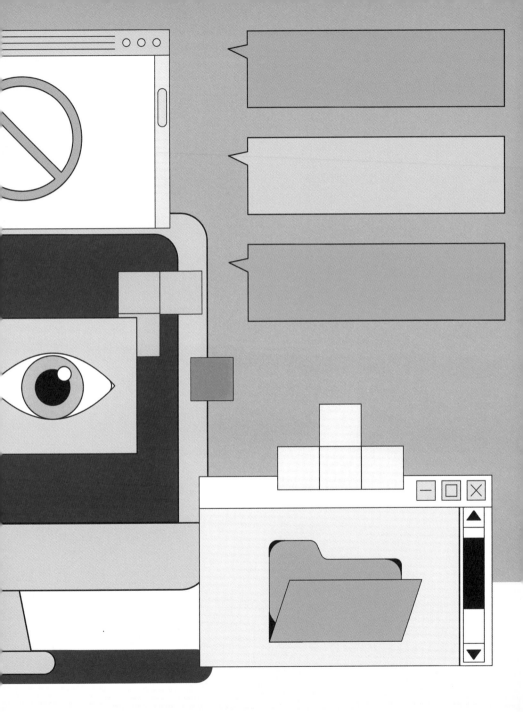

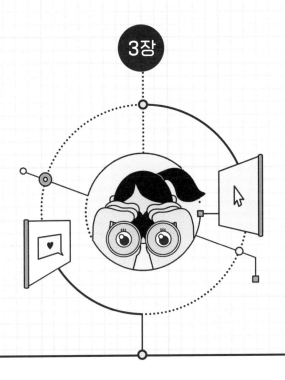

3장

알고 싶어, 알고리즘

: 코딩에서 머신 러닝까지

A L G O R I T H M

알고리즘은 양치질부터 시작한다

알고리즘이란 말은 그토록 자주 쓰이지만, 컴퓨터와 관련된 일을 하지 않는 이상 알고리즘의 정확한 뜻을 아는 사람은 드뭅니다. 그래서 국립국어원 표준국어대사전을 열어 알고리즘 설명을 읽은 청소년 Z는 당황합니다.

> **알고리즘** 「명사」 『정보·통신』 어떤 문제의 해결을 위하여, 입력된 자료를 토대로 하여 원하는 출력을 유도하여 내는 규칙의 집합. 여러 단계의 유한 집합으로 구성되는데, 각 단계는 하나 또는 그 이상의 연산을 필요로 한다. ≒알고리듬.

"뭔 소리야? 뭐가 이렇게 어려워?"

'어떤 문제의 해결을 위하여'까지만 이해할 뿐 입력이나 출력, 유도, 규칙, 집합이란 단어 앞에서 Z는 좌절하고 맙니다.

다행히 알고리즘에 관한 친절한 설명이 있네요. 국립특수교육원과 한국마이크로소프가 디지털 정보 격차 해소를 위해 시각·청각·발달·지체 장애 어린이들을 대상으로 만든 코딩 교육 프로그램 〈나랑 놀자! 소프트웨어〉에 나와 있지요.[10] 배움이 조금 느린 어린이들을 위한 설명이라 누구나 이해하기 쉽습니다. 그 내용을 정리해 보면 다음과 같아요.

알고리즘은 문제를 해결하는 과정을 순서대로 표현한 것입니다. 예를 들어 양치질하는 알고리즘은 다음과 같습니다.

① 칫솔에 치약을 바른다.
② 입속에 칫솔을 넣는다.
③ 양치질을 한다.
④ 입을 헹군다.

교실에서 우유를 마시는 알고리즘은 다음과 같습니다.

① 우유를 잡고 우유의 한쪽 부분을 연다.
② 우유를 들고 끝까지 마신다.
③ 마신 다음 우유의 모서리를 닫는다.
④ 우유갑을 네모 모양으로 접는다.
⑤ 우유 상자로 가져가서 버린다.

맞아요. 알고리즘은 원래 어려운 게 아니라 '절차'일 뿐입니다. 어떤 문제를 해결하기 위한 절차를 하나하나 구체적인 순서로 표현한 거죠. 그래서 알고리즘은 정보 통신 분야에 국한된 용어도 아니고, 컴퓨터 사이언스에서만 사용하는 말도 아닙니다. 우유를 마시고 양치질하는 건 컴퓨터가 탄생하기 전인 아주 먼 옛날부터 해 왔던 일들이니까요.

그러니 '알고리즘'이란 말이 8~9세기 이슬람의 수학자인 알 콰리즈미Al-Khwarizmi의 이름에서 파생된 건 너무나 자연스러워 보입니다. 인간이 한창 문명의 토대를 쌓을 때 얼마나 많은 알고리즘이 필요했겠어요? 그리스 수학은 삼각형과 피타고라스 정리처럼 기하학 중심이었고, 인도 수학은 0의 발견처럼 숫자 중심이었습니다. 이 둘은 이슬람에 의해 융합되었죠. 알 콰리즈미는 『더하기와 빼기의 방법』이란 책을 쓰는 등 수학 체계를 만드는 데 크게 이바지한 학자였어요. 인류는 사막의 학자들에게 큰 빚을 진 셈이지요.

알고리즘은 일종의 아이디어나 생각이라서 누군가에게 전달하려면 '형태'가 필요합니다. 알고리즘을 표현하는 방법은 다양합니다. 요리 레시피나 악보, 물건의 사용 설명서 모두가 알고리즘의 표현입니다. 그런데 알고리즘은 그 절차를 엄격할 정도로 정확하게 표현하지 않으면 곤란한 상황에 부딪힙니다. 둘기마요 작가의 웹툰 〈지옥급식〉 49화에 그 곤란함이 잘 묘사되어 있죠.[11]

학교 폭력을 일삼는 일진이 한 학생에게 빵을 사 오라고 시킵니다. "바나나 우유 2개 사고 메론빵 있으면 4개 사 와."라고요. 그런데 피해자가 바나나 우유만 4개를 사 들고 돌아옵니다. "아니, 이게 이해가 안 돼?" 하며 주먹을 올리는 가해자 앞에서 피해자는 "메론빵 있었다니까……."라고 소심하게 대꾸해요.

여기서 가해자인 일진은 두 가지 잘못을 저질렀습니다. 다른 학생에게 강제로 심부름을 시킨 것도 큰 잘못이지만 알고리즘도 잘못 짰거든요. 메론빵이 있을 때 무엇을 4개 사라는 건지 정확히 지시하지 않았기 때문에 메론빵을 먹을 수 없는 거예요. 피해자도 일진 말대로라면 편의점에 가서 일단 바나나 우유 2개를 사고, 메론빵이 있나 없나 확인한 뒤 있으면 우유를 4개 더 사서 우유 6개를 사 오거나, 없으면 우유를 2개만 샀어야 합니다.

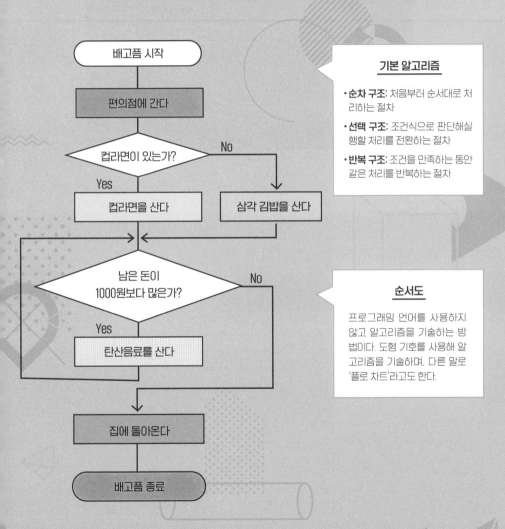

기본 알고리즘

- **순차 구조**: 처음부터 순서대로 처리하는 절차
- **선택 구조**: 조건식으로 판단해실행할 처리를 전환하는 절차
- **반복 구조**: 조건을 만족하는 동안같은 처리를 반복하는 절차

순서도

프로그래밍 언어를 사용하지 않고 알고리즘을 기술하는 방법이다. 도형 기호를 사용해 알고리즘을 기술하며, 다른 말로 '플로 차트'라고도 한다.

배고픔 시작

편의점에 간다

컵라면이 있는가?

Yes / No

컵라면을 산다

삼각 김밥을 산다

남은 돈이 1000원보다 많은가?

Yes / No

탄산음료를 산다

집에 돌아온다

배고픔 종료

프로그래밍 언어 예시.

이런 혼란을 막기 위해 알고리즘은 '순서도'와 '프로그래밍 언어'로 표현됩니다. 둘 다 절차 하나하나를 매우 정교하고 정확하게 기술할 수 있기 때문이죠.

프로그래밍 언어는 컴퓨터에 일을 시킬 때 쓰입니다. C 언어나 C++, 비주얼 베이직Visual Basic 자바 스크립트Java Script 혹은 자바, PHP, 파이썬Python 같은 말을 여기저기서 종종 들어 봤을 거예요.

프로그래밍 언어는 마치 외계어처럼 보이는데, 실제로 외계어와 비슷합니다. 외계인에게 뭔가 부탁하고 싶은데 외계어를 배우기 어렵다면, 외계어를 할 줄 아는 친구에게 부탁하면 되겠죠. 마찬가지로 인간의 말을 쓰는 내가 0과 1로 이루어진 기계어를 쓰는 컴퓨터를 일하게 하고 싶으면, 개발자에게 부탁하면 됩니다. 그럼 개발자가 프로그래밍 언어를 사용해 알고리즘을 짜고 컴퓨터에 명령을 내려 일을 시키는 거예요.

알고리즘이 안내하는 길을 따라

자, 컴퓨터가 실제로 일하게 시켜 볼까요? 여러분이 친구를 만나러 맛집 골목을 찾는 상황을 가정해 봅시다. 한 번도 그곳에 가 본 적이 없다면 어떻게 할까요? 길 찾기를 할 수 있는 지도 앱을 열고 출발지와 목적지를 '입력'하겠죠.

앱은 네 가지 경로를 알려 줍니다. 걷기, 자가용, 자전거, 대중교통. 일단 걷는 건 포기합니다. 소요 시간 2시간 43분이라니, 시간도 없고 다리도 아프고 그 먼 곳까지 걸어갈 체력도 없습니다. 미성년자이므로 자가용도 포기합니다. 자전거로는

59분이 걸리네요. 하이킹하는 기분이 나겠지만 실컷 놀고 돌아오는 길, 어둠 속에서 꾸역꾸역 페달을 밟아야 할 텐데 상상만으로도 피곤하죠. 자, 남은 답은 대중교통입니다.

대중교통을 누르면 최소 시간순, 최소 환승순, 최소 도보순으로 선택지가 나뉩니다. 버스와 지하철을 여러 번 갈아타더라도 시간이 짧은 게 좋을까요? 시간은 좀 걸려도 버스 하나만 편하게 앉아서 타고 갈까요? 내려서 목적지까지 걷는 길은 짧을수록 좋겠죠? 짧은 고민을 마치고 '최소 시간순으로 36분만에 가기'로 결정합니다.

이처럼 우리는 "친구를 만나러 어떻게 갈 것인가?"라는 문제를 길 찾기 앱의 도움을 받아 해결합니다. 개발자와 프로그래머 역시 문제 해결을 위한 길 찾기 앱을 만들 때 다양한 경우의 수를 고려했을 것입니다. 가능한 교통수단을 분류하고 각각 변수가 될 수 있는 시간과 요금 등을 헤아렸겠죠. 그런 다음 각각의 상황마다 이용자가 스스로 조건을 선택하게 만들어서 다들 자신이 처한 상황에 맞춰 길을 찾아갈 수 있도록 알고리즘을 설계했을 것입니다.

알고리즘을 짜는 일은 우리가 어릴 때부터 봐 온, 다음과 같은 종류의 수학 문제나 퀴즈와 비슷합니다.

> 똑같이 생긴 상자 7개가 있다. 6개는 무게가 같은데 하나만 무게가 적게 나간다. 상자를 얼마든지 올릴 수 있는 커다란 양팔저울이 있다. 이 저울을 이용해 무게가 적게 나가는 상자를 찾을 때 저울을 가장 적게 사용하는 방법은?

> 네 도시가 있다. A 도시에서 B 도시까지 비행시간은 1시간, A와 C는 2시간, A와 D는 2시간, B와 C는 5시간, C와 D는 8시간이다. A 도시에서 출발해 각 도시를 정확히 한 번씩 들린 다음 다시 A 도시로 돌아오는 가장 빠른 시간은?

이런 문제를 보는 순간 상자고 비행기고 뭐고 다 부수고 싶은 사람들이 있을 거예요. 하지만 눈을 반짝이며 얼른 문제를 풀고 싶어 하는 사람들도 많습니다. 이런 문제들이야말로 심심풀이 수수께끼가 아니라 최적의 알고리즘을 찾는 창조적인 과정이니까요.

경우의 수를 따져 경로를 설계하는 데 매력을 느끼는 사람들이 큰 노력을 들여 알고리즘을 프로그래밍 언어로 기술한 게 바로 '프로그램'이죠. 그러니까 알고리즘은 프로그램 설계도에 해당합니다. 우리는 프로그램을 흔히 소프트웨어나 애플리케이션 혹은 앱이라고 부릅니다. 이때 프로그래밍 언어를 사용해 알고리즘을 하나의 프로그램으로 만들어 가는 게 바로 '코딩Coding'이지요.

알고리즘을 정하고, 한땀 한땀 정성을 들여 코딩하고, 마지막으로 오류를 찾아내 수정하는 디버깅을 거치면 마침내 프로그램이 완성됩니다. 이렇게 만들어진 여러 프로그램이 컴퓨터, 네트워크 등과 결합해 작동하는 게 바로 '시스템'이에요.

최적의 알고리즘을 찾아 프로그램으로 만드는 일에 재능과 삶을 헌신한 수많은 수학자와 과학자, 공학자와 개발자 덕분에 우리는 친구와의 약속 시간을 지킬 수 있습니다. 누구나 길찾기 앱을 열어 최적 경로를 찾을 수 있게 되었죠.

알고리즘에 관해 조금 더 알아봅시다. 이번에는 등산입니다. 어른들은 나이가 들수록 왜 그렇게 산에 오르기를 좋아할까요? 그래서인지는 몰라도 알고리즘을 설명할 때 종종 등산 비유가 쓰입니다.

앞에서 이야기했듯, 알고리즘은 문제 해결 과정입니다. 등산에서 해결해야 할 문제는 정상 도착이죠. 정상까지는 여러 경로가 있습니다. 설악산 대청봉만 해도 국립공원관리공단이 천불동 계곡 코스, 오색 코스, 한계령 코스, 백담사 코스를 공식적으로 만들어 두었습니다. 각각 걸리는 시간과 주변 풍경, 험난한 정도가 다르죠.

하지만 대청봉에 응급 환자가 발생하면, 이런 등산로는 고려 대상이 될 수 없습니다. 당장 헬기가 출동해야 하죠. 흉악 범죄를 저지르고 산으로 숨어든 용의자는 어떨까요? 아무도 모르는, 험하고 음습한 길을 찾아야겠죠.

결국 각각의 상황과 조건이 다르기에 산 정상에 도착하는 방법은 수천수만 가지가 넘습니다. 가능한 등산의 알고리즘이 수천수만 개일 수 있는 거예요. 이때 가장 중요한 것은 "지금 상황에서 어떤 알고리즘이 가장 좋은 알고리즘인가?"를 판단하는 일이겠지요.

1, 3, 5, 7, 9란 다섯 개의 숫자가 있습니다. 여기서 7을 찾고 싶을 때, 어떤 알고리즘을 짜서 컴퓨터에 명령해야 할까요? 일단 1부터 하나씩 확인하며 7과 같은지 다른지 비교하는 알

고리즘이 있습니다. 브루트 포스Brute Force 알고리즘이라고 하는데, brute는 짐승, force는 힘이니까 이름만으로도 매우 단순한 방법임을 짐작할 수 있죠.

이 알고리즘은 처음부터 끝까지 계산해 가면서 문제의 해답을 찾는 방식입니다. 캐리어 비밀번호를 잊어버렸을 때 흔히 쓰는 방법이죠. 0000, 0001, 0002 하면서 번호가 맞을 때까지 엄청난 인내심을 발휘해야 합니다. 다행히 컴퓨터는 인간과 달리 계산 속도가 빠르고 중간에 빼먹는 번호도 없어서 기특하게도 금방 정확한 답을 찾아내지요.[12]

알고리즘의 종류는 매우 다양합니다. 탐색 알고리즘, 정렬 알고리즘, 재귀 알고리즘, 분할 정복 알고리즘, 그래프 알고리즘, 최적화 알고리즘, 다이내믹 알고리즘, 백트래킹 알고리즘, 암호 알고리즘, 미로 탐색 알고리즘 등등 구조나 다루는 테마, 패러다임에 따라 여러 갈래로 나뉘고 새로운 알고리즘이 탄생하기도 해요.

복잡해 보이는 만큼 멋있어 보이지 않나요? 좀 더 자세히 알고 싶은 마음이 들었다면 주저 말고 알고리즘과 코딩, 프로그래밍의 세계로 나아가세요. 그런 마음이 눈곱만큼도 들지 않는다고 해도 걱정할 필요는 없습니다. 컴퓨터 사이언스에 뛰어들지 않아도, 알고리즘의 인문학적·사회적 의미를 충분히 발견할 수 있으니까요.

컴퓨터 알고리즘이 바꾼 세상

어느 날 블랙아웃이 일어나 모든 전원이 꺼지고 배터리마저 전부 방전되면 세상은 어떻게 될까요? 불을 못 켜는 것쯤이야 낮에 해가 떠 있을 때 일하고 밤에 자면 되니까 참을 수 있습니다. 냉장고나 세탁기 없이도 그럭저럭 살아갈 수 있겠지요. 하지만 컴퓨터가 없다면 어떨까요?

손안의 작은 컴퓨터인 휴대 전화, 노트북과 태블릿을 포함한 개인용 컴퓨터, 인터넷을 연결하는 전 세계 네트워크 컴퓨터, 그리고 데이터를 저장하는 서버 역할을 하는 컴퓨터. 이 모두가 모조리 작동하지 않는다면 아무리 작은 일이라도 무엇 하나 제대로 해내지 못할 것입니다. 인류는 이제 컴퓨터 없이 살 수 없으니까요. 우리는 어쩌다 이렇게 컴퓨터에 모든 걸 의지하게 되었을까요? 그건 바로 컴퓨터에 의한 '자동화'가 일어났기 때문입니다.

컴퓨터에 일을 시키려면 명령을 한 번에 하나씩 지시해야 합니다. 할 일을 차근차근 단계적으로 알려 주는 것, 그게 바로 알고리즘이라고 했죠? 그 알고리즘은 소프트웨어에 담기고요. 우리는 이 소프트웨어를 이용해 일도 하고 게임도 하고 공부도 합니다. 컴퓨터를 이용해 뭔가를 한다는 게 실제로 어떤 과정인지 살펴볼까요?

1940년대 전후로 세계 대전을 거치며 적국의 암호를 풀기 위해 쏟아지는 계산을 처리하려고 콜로서스, Z1, Z2, 에니악 등 대형 컴퓨터가 여럿 탄생했죠. 그 후로 컴퓨터는 미사일 발사 궤도를 계산하고 우주 탐사를 위한 로켓의 궤도를 계산하며 발전해 왔습니다. 그러다 1970~1980년대를 지나는 동안 PCPersonal Computer, 개인용 컴퓨터가 보급되며 일상으로 깊숙이 스며듭니다.

대표적인 예로 수천 년 동안 종이에 잉크로 글자를 기록하던 사람들은 워드프로세서 프로그램을 이용해 컴퓨터로 문서를 작성하기 시작했습니다. 커다란 종이에 매직으로 글씨를 쓰고 사진을 오려 붙여 발표하던 사람들은 파워포인트 같은

1980년대 회사 사무실 풍경. 컴퓨터가 불러온 사무 자동화는 칸막이가 있는 큐빅 오피스를 발달시켰다.

프레젠테이션 프로그램을 이용해 이미지와 동영상이 포함된 전자 문서를 빔 프로젝터에 연결하기 시작했죠.

이처럼 컴퓨터에 일을 시키기 위해 온갖 종류의 소프트웨어, 즉 알고리즘이 하루가 멀다고 개발되었습니다. 통신 기술의 발달은 컴퓨터에 날개를 달아 주었죠. 클릭 한 번이면 정해진 형식에 따라 만든 자료를 인터넷으로 모든 사람에게 똑같이 전달할 수 있게 되었습니다. 일반 회사의 업무는 물론 전기와 가스 요금 계산, 철도 좌석 예약과 승차권 발매, 은행 계좌의 잔액과 이자 계산을 모두 컴퓨터가 담당했습니다. 사무 자동화가 이루어진 거예요.

공장에서도 컴퓨터를 이용해 생산 과정을 관리하고, 프로그램이 입력된 로봇을 조종해 제품을 만들기 시작했습니다. 표준화된 알고리즘은 모든 노동 현장으로 빠르게 퍼져 나갔죠. 클릭 한 번이면 정해진 순서에 따라 공장이 돌아갔어요. 공장 자동화가 실현된 것입니다.

'알고리즘에 의한 자동화'는 사람들이 일하는 방식을 바꾸고 가치를 판단하는 일에 영향을 끼쳤습니다. 사람이 자주 실수하는 돈 계산과 숫자 계산을 컴퓨터 알고리즘은 어떤 실수도 없이 빠르게 해냈죠. 물건이 얼마나 팔리고 얼마나 남았는지 확인하는 제품 관리도 정확히 해냈고, 24시간 밤새도록 작동할 수도 있었습니다. '그럭저럭 괜찮았어요.', '그냥 그랬어요.'라는 막연한 평가 대신 서비스 하나하나에 별점을 매기고 통계를 내는 알고리즘도 탄생했습니다. 덕분에 '고객 만족도'라는 이름으로 불친절한 직원과 실망스러운 점포를 골라낼 수 있게 되었죠.

자동화를 넘어 지능화로

컴퓨터를 통한 '자동화'가 가져온 놀라운 성과를 경험한 인류는 좀 더 욕심을 내기 시작합니다. 문제 해결 알고리즘을 더 빠르게, 더 효율적으로, 더 탁월하게 만들고 싶었던 거예요.

어떤 변화가 찾아왔을까요? 우리는 앞에서 길 찾기 앱으로 친구를 만나러 가는 과정을 살펴보았습니다. 사실 이것만으로도 충분히 편리하고, 문제를 해결하기에 모자람이 없어요. 하지만 상황과 조건을 따져 이런저런 선택을 해야 하는 것조차 시간 낭비처럼 느낄 수 있어요. 그래서 인간은 엄청난 노력 끝에 한 단계 더 나아간 알고리즘을 개발해 냅니다. 그 결과 길 찾기 앱에 전에 없던 선택지가 추가되었죠.

무엇이 바뀌었을까요? 바로 '최적 경로'의 등장입니다. 이용자가 교통수단만 선택하면 다른 건 고민하지 않아도 가장 적절한 경로가 알아서 제시되는 거죠. 최적 경로는 실시간 교통 상황, 소요 시간, 운행 정보, 환승 횟수 등을 종합적으로 고려해 추천하는 경로입니다.

이 모든 복잡한 상황을 종합적으로 고려해 길을 추천하는 존재는 누구일까요? 고민할 필요 없이 이 경로만 따라가면 가장 빠르고 편리하다고 말하는 존재는 무엇일까요? 혹시 짐작이 가나요? 맞아요. 그 존재는 바로 '인공 지능'입니다.

예전의 컴퓨터 알고리즘은 인간보다 더 정확하고 빠르게 문제를 해결했지만, 그건 어디까지나 인간이 시켜서 하는 일이었습니다. 길 찾기 앱에서 마지막 경로를 결정하는 건 사람이지 알고리즘이 아니었어요. 알고리즘은 인간의 선택을 돕는 도구였을 뿐입니다.

하지만 인공 지능 알고리즘은 다릅니다. 스스로 온갖 데이터를 알아서 수집하고, 스스로 기준을 정해서, 스스로 가장 빠른 길을 고른 다음 그 결과를 인간에게 내보이지요. 인공 지능 알고리즘은 마치 인간처럼 스스로 학습하고 분석하고 판단해서 자율적으로 문제를 해결합니다. 자동화 알고리즘에서 자율 알고리즘으로 진화한 거예요.

자동Automation과 자율Autonomous은 다릅니다. 자동차의 스마트 크루즈 컨트롤 기능을 보면 그 차이를 알 수 있죠. 10여 년 전에는 인간이 앞 차와의 거리와 속도를 직접 설정하면, 가속 페달에서 발을 떼도 자동차가 '자동 주행'했습니다. 그러다 인공 지능 기술이 발달하자, 운전자가 평소에 어떻게 운전하는지

머신 러닝 알고리즘으로 '자율적으로 학습'해 운전자가 거리와 속도를 입력하지 않아도 평소 운전과 비슷하게 속도를 맞춰서 자동 주행할 수 있게 되었죠.

앞으로는 인간이 운전석에 없어도 스스로 알아서 보행자를 피하고 교통 흐름과 교통 신호를 파악해 '자율적으로 운전'하는 완전 자율 주행 자동차가 상용화될 거예요. 알고리즘은 어떻게 이런 자율성을 갖추게 되었을까요? 인공 지능의 역사를 살펴보면 그 답을 알 수 있습니다.

"컴퓨터가 인간처럼 문제를 해결하도록 만들어 보자."라는

생각은 사실 컴퓨터 기술이 탄생하는 순간부터 있었지요. 그래서 인공 지능은 최근에 등장한 첨단 기술이 아니라, 70여 년 역사를 가진 오래된 기술입니다. 컴퓨터 사이언스의 선구자인 앨런 튜링은 1950년 〈계산 기계와 지능〉이라는 논문에서 인공 지능의 개념을 처음 제시합니다. 첫 문장이 "기계도 생각할 수 있을까Can machines think?"로 시작하는 논문이에요.

1956년 여름, 세계적인 학자들이 모인 다트머스 회의에서 '인공 지능AI'이란 말이 처음 등장하죠. 여기서 인공 지능을 "인간만이 풀 수 있는 문제를 풀고 스스로 발전해 나가는 존재"라고 정의했고, 그 후 기계가 인간의 지능을 모방하는 방법을 본격적으로 연구하기 시작했습니다. 1959년에는 "인간이 프로그래밍하지 않아도 컴퓨터가 학습할 수 있는 능력을 갖춘다."라는 뜻의 머신 러닝기계 학습 개념이 도입되었습니다.

생각하는 기계, 제가 한번 만들어 보죠

인간처럼 생각하게 하려면 어떻게 해야 할까요? 크게 두 가지 방법이 있는데, 하나는 인간의 사고방식을 모방하는 것이고 다른 하나는 인간의 뇌 구조를 모방하는 거예요.

인간의 사고방식은 의외로 꽤 논리적입니다. 갈릴레이와 뉴턴 이후로 근대 과학이 발달하면서 철학자들은 '사고의 계산화'라는 개념을 구축했습니다. 라이프니츠와 브레게가 싹을 틔우고 러셀과 화이트헤드가 '수학 원리'를 고안해 힐베르트가 수리논리학으로 발전시켰죠.

수리논리학은 '인간의 생각은 기호로 표현할 수 있다.'는 걸 전제로 해요. 예를 들어 늦잠을 자면 당연히 지각합니다. 이때 '늦잠을 잔다.'를 P, '지각한다.'를 Q로 놓습니다. 그리고 '늦잠을 자면 지각한다.'를 P → Q로 나타내고, 참일 때 1, 거짓일 때 0의 값을 주는 거예요. 그러면 Q → P, 즉 '지각했다면 늦잠을 잔 것이다.'라든가 Not P → Not Q, 즉 '늦잠을 안 자면 지각을 안 한다.'의 참, 거짓 값을 컴퓨터가 계산하도록 프로그래밍할 수 있습니다.

기호와 숫자로 만드는 수학적·논리적 표현은 알고리즘과 찰떡같이 어울리죠. 이를 바탕으로 컴퓨터 산업이 눈부시게 발전합니다. 하지만 그건 '자동화'였을 뿐, 인간처럼 생각하고 학습하는 인공 지능과는 거리가 멀었어요. 인공 지능 연구는 벽에 부딪혔죠.

생각해 봐요. 인간의 말과 생각은 논리적일 때도 있지만 엉뚱하고 제멋대로일 때도 많습니다. 그 모든 걸 숫자와 기호로만 표현하기란 결코 쉽지 않아요. 테드 창의 SF 소설 『당신 인생의 이야기』를 바탕으로 만든 영화 〈컨택트〉에는 이런 이야기가 나와요. 외계인이 지구에 찾아오자 정부는 외계 언어를 분석해 외계인과 소통하려고 물리학자와 언어학자를 데려옵니다. 물리학자는 "우선 이진법처럼 수학적 의사소통이 가능한지 알아봅시다."라고 말해요. 그러자 언어학자가 "이봐요, 문제 풀이를 시키기 전에 그냥 말을 한번 걸어 보는 게 어때요?"라고 말하죠. 언어학자가 말을 걸자 외계인은 알아듣지 못할 대답을 들려줍니다. 결국 두 학자가 힘을 합쳐 외계인의 언어를 이해하게 되는데, 인공 지능 개발의 역사도 이와 비슷합니다.

한쪽에서 숫자와 기호를 붙들고 있는 동안, 인간의 뇌 구조를 모방하려는 연구도 시작되었죠. 20세기에 들어와 인간의 뇌는 뉴런이라는 신경 세포들이 서로 신호를 주고받으며 작동한다는 사실이 밝혀졌습니다. 신경 세포가 만나 신호를 주고

우리가 흔히 상상하는 인공 지능 이미지와 실제 머신 러닝 알고리즘을 처리하는 인공 지능 컴퓨터 IBM 왓슨.

받는 부위를 시냅스라고 하는데, 이를 발견한 산티아고 라몬 이 카할은 신경 세포가 키스하는 것 같다고 말했죠. 이때 시냅스는 연결되면 불이 들어오고 연결이 끊어지면 불이 나가는 스위치와 비슷합니다. 끊어짐을 0, 연결을 1로 놓을 수 있으니, 신경 세포의 작동 방식은 놀랍게도 컴퓨터가 정보를 처리하는 방식과 비슷한 거죠.

그래서 연구자들은 1958년 신경 세포인 뉴런의 결합을 수학적 모델로 구축한 뉴럴 네트워크 모델을 만듭니다. 인공 신경망이 탄생한 거예요. 하지만 모순된 것을 학습하지 못하는 등 여러 한계로 연구가 벽에 부딪힙니다. 그러다 다행히 1986년 역전파 알고리즘으로 다층 인공 신경망 연구가 다시 활발해졌어요.

같은 시기, 기업들은 제품을 만들기 위해 '전문가 시스템'이라는 걸 도입합니다. 예를 들어 '열이 난다 = 감기 또는 식중독', '콧물이 흐른다 = 감기', '배가 아프다 = 식중독'을 입력해요. 그럼 '열이 나고 배가 아프다.'라는 질문에 알고리즘이 자동으로 '식중독'이란 답을 내놓을 수 있죠. 하지만 이 같은 방식의 인공 지능 학습은 시간도 오래 걸리고 데이터도 부족

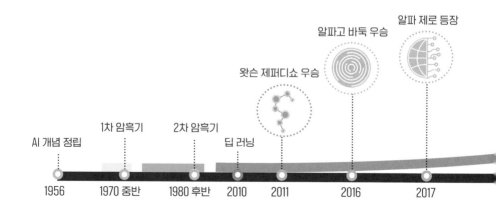

AI 개념 정립   1차 암흑기   2차 암흑기   딥 러닝   왓슨 제퍼디쇼 우승   알파고 바둑 우승   알파 제로 등장

1956   1970 중반   1980 후반   2010   2011   2016   2017

해 만족할 만한 결과를 내지 못했습니다.

이처럼 인공 지능 연구는 장밋빛 전망과 초라한 결과물을 오가며 1970~1980년대, 그리고 1990~2000년대 초반까지 두 번이나 침체기를 겪었습니다. 연구도 투자도 자금 지원도 다 얼어붙어 이 시기는 '인공 지능의 겨울'로 불렸죠.

그러나 드디어 봄이 찾아왔습니다. 봄을 가져다준 건 바로 '빅데이터'였습니다. 인공 지능과 빅데이터는 어딜 가든 무슨 이야기를 하든 언제나 쌍으로 등장하는 찰떡과 콩떡, 바늘과 실 같은 사이죠. 인공 지능 연구자들은 이렇게 외쳤다고 해요.

"그때 구글이 등장하고 트위터와 페이스북이 탄생해 인터

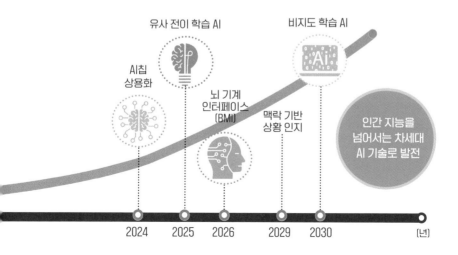

넷 전부를 머신 러닝 입력 데이터로 활용하니 인공 지능이 겨울잠에서 깨어났도다!"

빅데이터 덕분에 마침내 모두가 만족할 만한 머신 러닝 알고리즘이 작동하기 시작했습니다. 그 결과 알파고가 세계 최고 바둑 챔피언 이세돌을 이기고 리브라투스가 세계 최고 포커 프로 선수에게 176만 달러_{약 20억 원}를 따냈죠. 인공 지능은 전 세계를 순식간에 충격에 빠뜨렸습니다. 기다렸다는 듯 딥러닝을 비롯한 온갖 AI 알고리즘이 쏟아져 나왔고 자율 주행차가 큰 관심을 끄는 한편 검색, 번역, 쇼핑, 주식, 의료, 법률, 채용, 예술에 이르기까지 인공 지능의 인기를 빌리지 않는 곳이 없었죠. 인공 지능이 검색 알고리즘과 추천 알고리즘에 도입되자, 우리 일상은 한층 더 술렁이기 시작했습니다.

그렇게 인공 지능은 다시 뜨거운 이슈가 되어 우리 삶의 한가운데로 들어왔습니다. 빛이 있으면 그림자가 있고 큰 힘에는 큰 책임이 따르듯, 기대만큼 우려 역시 빠르게 커지고 있죠. 인공 지능 알고리즘 속에 어떤 함정이 숨어 있는지, 다음 장에서 알아봅시다.

알고리즘은 컴퓨터나 인공 지능과 무관하게
오랫동안 존재해 온 개념으로,
문제를 해결하기 위해 밟아야 하는 단계를
구체적으로 하나하나 정해 놓은 것이다.

컴퓨터 사이언스가 발전하면서
알고리즘은 프로그래밍 언어로 코딩되어
소프트웨어를 작동시키는 엔진이 되었다.
컴퓨터 알고리즘이 이끈 사무·공장·서비스 자동화는
20세기 인류를 눈부신 성장의 길로 안내했다.

컴퓨터 역사와 함께 시작된 인공 지능 연구는
'기계가 스스로 알아서 학습하는' 머신 러닝 알고리즘의 혁신과
빅데이터의 만남으로 놀라운 성과를 이룩해
2010년 이후 폭풍처럼 전 세계를 뒤흔들고 있다.

인공 지능 알고리즘은 과학과 공학 분야는 물론
정치, 경제, 사회, 문화, 예술에 이르기까지
우리 삶의 모든 영역에 영향을 미치기 시작했다

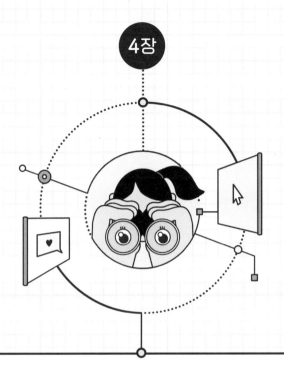

4장

필터 버블, 확증 편향, 편 가르기, 차별과 혐오…
: 알고리즘이 우리를 갈라놓지 않도록

A L G O R I T H M

그 선택을 알고리즘에 맡겨도 될까?

곧 정기 고사가 닥칠 예정이라는 것만 빼면, 오늘도 변함없이 평화로운 하루입니다. 청소년 Z는 스마트폰을 꺼내는 대신 하늘을 올려다봅니다. 언제나처럼 친구가 다가오네요.

"뭐 하냐? 스마트폰 고장 났어?"

"알고리즘에 너무 끌려다니는 것 같아서 전원 껐지. 근데 너 마스터 알고리즘이라고 알아? 자기한테 필요한 알고리즘을 스스로 짜는 알고리즘이래. 이 세상과 우주의 모든 지식을 마스터한 알고리즘이라 할 수 있지. 인류 정복은 시간문제다."

"아니, 뭐만 나왔다 하면 인류 정복이야? 처음엔 로봇이 정복한다더니 얼마 전엔 인공 지능으로 바뀌었더라? 이번엔 마스터 알고리즘이냐?"

"마스터 알고리즘으로 작동하는 인공 지능이 장착된 로봇이 인류를 정복하는 거지. 아, 미래가 없다."

"네 미래는 시험 기간 닥치기 전에 주말에 애들이랑 놀러 가는 거야. 전원 켜고 메시지나 확인해. 넌 나 없이 어떻게 사냐?"

맞아요. 친구가 없다면 알고리즘이 다 무슨 소용이겠어요.

내 취향에 찰떡같이 맞는 콘텐츠가 온라인 세상에 가득해도, 인생의 진짜 기쁨과 즐거움은 현실 친구와 시시한 농담을 나누는 데 있습니다.

자기 결정 이론에 따르면 인간에게는 세 가지가 필요합니다. 자율성, 성취감, 연결감. 어른들은 청소년의 소셜 미디어 중독을 걱정합니다. 알고리즘 중독이라 예전보다 더 위험하다고 말하죠. 하지만 자율은커녕 하고 싶은 일을 미룬 채 공부만 해야 하고, 그 공부가 잘 안 돼 성취감이 떨어지고, 다른 사람과 연결되고 싶으니까 온라인 플랫폼으로 도망가고…… 그래서 중독되는 거 아니겠어요?

하고 싶은 일을 스스로 찾아서 하고, 그 일을 열심히 해서 잘하고, 내게 다가오는 친구 한 명만 있다면 세 가지 욕구는 바로 충족됩니다. 그런 충족감만 있다면 온라인 플랫폼에 그토록 매달리지 않을 테니, 중독이 문제가 아니라 중독되도록 만든 현실의 결핍이 진짜 문제겠지요.

그런데 여러분은 혹시 하고 싶은 일을 찾았나요? 지금 당장 하고 싶은 일이 아닌, '진로'라고 부르는 그것 말이에요. 진로를 일찌감치 정하고 꿈을 향해 열심히 나아가는 사람도 있겠지만, 대부분 고민에 고민을 거듭하고 있을 거예요. 혹시 내 진로를 결정해 주는 알고리즘이 있다면 어떨까요?

온갖 알고리즘이 넘쳐 나는 이 세상에는 당연히 진로 선택 알고리즘도 있습니다. 질문 몇 개로 내 인성과 적성을 판단한 뒤, 나와 비슷한 인성과 적성을 가진 사람이 무슨 직업에 종사하는지 찾아내 나에게 그 직업을 권하죠. 클론 매칭 알고리즘이라며 결제를 유도하는데 그럴듯하면서도 뭔가 허술합니다. 의사 결정 트리 알고리즘으로 진로를 예측할 수 있다는 논문도 있습니다. 희망 진로와 학습 태도, 성적을 바탕으로 설계했다는데, 분석 대상이 과학영재교육원 학생들입니다. 알고리즘에 성적을 공개할지 말지는 좀 더 생각해 봐야겠죠?

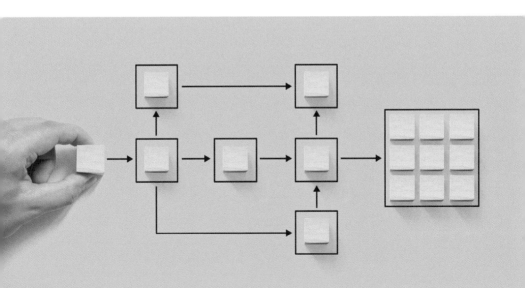

우리가 알고리즘에 길들기 시작하는 순간

진로처럼 중요한 일을 알고리즘의 결정에 맡겨도 될까요? 미국 애리조나대학교의 데릭 밤바우어 교수 연구팀은 사람들이 어떤 경우에 알고리즘에 선택을 맡기는지 조사했습니다. 공짜 기프트 카드를 받을 때, 교통사고의 책임 여부를 가릴 때, 은행에서 돈을 빌릴 때, 치료제 임상 시험에 참여할 때 사람의 조언을 따를지 알고리즘의 결정을 따를지 물었지요.

그랬더니 참가자들의 52.2퍼센트는 알고리즘을, 47.8퍼센트는 사람을 선택했다고 해요. 또 비용, 위험도, 정확도, 결정 속도로 나누어 조사했더니, 비용이 저렴하고 결정 속도가 빠를수록 알고리즘을, 위험도가 높을수록 사람을 선택했습니다. 사람이든 알고리즘이든 무조건 정확도가 높은 쪽을 선택했고요. 그리고 사소하고 가벼운 일일수록 거부감 없이 알고리즘을 선택하겠다고 답했습니다.[13]

일상 속 우리도 마찬가지입니다. 쇼핑 앱의 물건 추천이나 유튜브의 영상 추천, 소셜 미디어의 친구 추천을 별생각 없이 받아들이죠. 우리가 선택의 순간에 결정을 돕는 알고리즘을 거부감 없이 따르는 이유는 정보의 홍수 속에서 쏟아지는 선택지에 피로감을 느끼기 때문이기도 해요. 우리는 흔히 선택지란 많으면 많을수록 좋다고 생각합니다. 더 많은 선택권을 쥔 사람이 더 행복할 거라고 믿죠. 하지만 너무 넓어 발이 아프도록 걸어 다녔던 복합 쇼핑몰에서 정작 무엇을 골라야 할지 몰라 괴로워했던 경험이 다들 있을 거예요. 온라인 쇼핑 앱에서 어떤 옷을 사야 할지 몰라 비교만 하다가 아무것도 선택하지 못하고 시간만 보낸 날도 많을 테고요.

심리학자들은 이런 상태를 '선택의 역설'이라고 말해요. 원래 인간은 수많은 선택지에서 뭔가를 고르는 존재가 아니었어요. 선사 시대에는 살아남기 바빴고 20세기 전까지는 가난하고 소박한 공동체에서 연장자의 말만 따르면 되었죠. 오랫동안 그 상태로 진화해 온 인간은 정보가 늘어날수록 오히려 입력된 정보의 과부하로 극도의 스트레스를 느낍니다. 그러다가 '에라, 모르겠다.' 상태가 되어 비합리적인 선택을 하기도 하고, 오랜 시간 고민해 선택한 결과가 나쁘면 '왜 하필 그걸 골랐을까?' 하고 끝없는 후회를 하기도 하지요.

그런 인간이 선택에 따르는 감정 노동을 없애는 인공 지능 추천 알고리즘을 거부하기란 쉽지 않습니다. 추천 알고리즘이 없다면 우리는 OTT 플랫폼이나 웹툰 플랫폼의 첫 화면에서 몇 시간이고 썸네일만 노려보고 있을 거예요.

그런데 추천 알고리즘은 앞에서도 이야기했듯, 내 취향과 성향에 맞춰 완벽하게 개인화된 추천을 합니다. 이용자의 관심사, 취향, 성향을 고려해 최적의 결과를 열심히 찾아내서 보여 주지요. 내가 좋아할 만한 정보만 띄우고 내가 좋아할 만한 사람들하고만 연결하는 거예요. 추천 알고리즘이 아니어도, 원래 인간은 자신과 생각이 비슷한 이야기를 하는 사람을 좋아합니다. 내 생각에 호응하는 사람이 좋지 내 의견에 반대하려 어깃장을 놓는 사람을 누가 좋아하겠어요?

내 취향, 성향과 맞는 게시물에 '좋아요'를 누르다 보면, 추천 알고리즘은 더욱 강력해집니다. 처음 가입할 때 다양한 사람과 다양한 생각이 존재하던 피드가 어느 순간 나와 똑같은 이야기를 하는 사람들로 가득 차죠.

커뮤니케이션 전문가들은 이런 맞춤 추천이 에코 체임버 Echo Chamber, 잔향실 효과를 가져온다고 경고합니다. 에코 체임버는 방송국에서 메아리 효과를 내려고 만든 밀폐된 공간입니다. 밖에서 나는 어떤 소리도 안으로 들어오지 못하고, 방 안

내 이야기, 나와 생각이 같은 이야기만 증폭되면 그것만 진실인 것처럼 느껴진다.

에서 나는 소리는 벽에 부딪혀 메아리로 돌아오지요. 알고리즘에 사소한 결정을 맡기다 보면, 나는 어느새 내 취향에 맞는 물건, 나와 생각이 같은 사람, 내가 옳다고 믿는 정보와 뉴스에 둘러싸이고 맙니다. 에코 체임버에 갇히듯 내 생각과 반대되는 생각은 아예 보이지도 들리지도 않아요. 예를 들어 내가 산 주식이 위험하다고 경고하는 금융사 전문 애널리스트의 말마다 '싫어요'를 누르고, 그 주식이 곧 오를 테니 걱정하지 말라는 유튜브 주식 BJ의 말에는 '좋아요'를 누른다고 해 봐요. 나는 곧 정체불명의 비전문가들 조언만 듣게 되겠죠. 우물 안 개구리가 따로 없습니다.

미국의 시민 단체 무브온에서 활동하는 엘리 프레이저는 이런 현상에 필터 버블Filter Bubble이라는 이름을 붙였습니다. 알고리즘이 이용자 성향에 맞춰 다른 색깔의 정보를 걸러 내다 보면, 이용자는 자기도 모르는 사이에 자신의 성향과 같은 색깔의 정보에 갇힌다는 거예요. 필터링된 정보가 마치 큰 거품처럼 이용자를 둘러싸서 가두는 것이죠.

필터 버블, 우리를 가두는 이상한 거품

이런 현상은 사소해 보이지만 심각한 문제를 일으킵니다. 세계관이 비슷한 사람끼리만 만나면 오히려 편하고 즐겁고 좋지 않냐고요? 정말로 그런지, 오프라인의 추천과 온라인의 추천을 비교해 봅시다.

옷 가게에서 점원이나 친구가 옷을 추천하는 상황을 떠올려 봐요. 점원은 한눈에 내 체형과 지금 입고 있는 옷차림을 스캔합니다. 그렇게 파악한 내 취향에 맞춰 옷을 권하기도 하지만 "고객님, 스타일 한번 바꿔 보세요!" 하면서 내 체형에 어울릴 법한 정반대 스타일의 옷을 추천할 수도 있어요. 친구는 자기가 좋아하는 스타일이나 지금 한창 유행인 옷을 주로 추천할 거예요. "분위기 좀 바꿔라, 제발!" 하면서 말이죠. 내가 새로운 스타일을 어색해하면 용기를 내 도전해 보라고 나름대로 진지하게 격려하겠죠.

그러나 알고리즘의 추천은 다릅니다. 앞에서 추천 알고리즘이 작동하는 방식을 깊이 들여다보았으니 충분히 짐작할 수 있을 거예요. 알고리즘은 비슷하거나 공통점이 있는 것을 주로 추천합니다. 다른 이용자들을 분석해 가끔 내 취향과 백만 광년만큼 떨어진 최신 유행 스타일을 추천할 수도 있겠지요. 그렇더라도 옷 가게 점원이나 친구처럼 이용자를 설득할 수는 없어요. 알고리즘은 액정 뒤에 숨은 프로그램이니까요.

결국 알고리즘은 이용자를 필터 버블에 가두고, 자기 생각

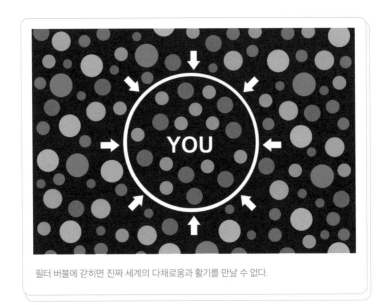

필터 버블에 갇히면 진짜 세계의 다채로움과 활기를 만날 수 없다.

과 비슷한 정보만 접하게 하고, 비슷한 생각을 하는 사람들만 만나게 합니다. 알고리즘이 안내하는 대로만 따라가면, 나와 관심사가 다르거나 생각이 다른 사람을 만날 기회가 거의 없어져요.

추천 알고리즘이 작동하는 온라인 세계에서 우리는 평화롭고 편안할지도 모릅니다. 안 그래도 인간은 자기가 이미 가지고 있던 성향이나 신념을 다른 사람에게서 발견하고 안심하려는 경향이 강합니다. 여러분도 누가 나와 같은 생각을 하는 걸 알면 "나만 그런 게 아니었어!" 하며 가슴을 쓸어내리잖아요? 나와 비슷한 이들 속에서 강한 유대감이나 소속감을 느끼죠.

하지만 우리가 사는 세상은 나와 취향도 생각도 다른 사람들로 가득 차 있습니다. 원하든 원하지 않든 나와 다른 사람들과 부딪히며 살아가야 하는 현실은 갈등의 연속입니다. 그래도 함께 살아가기를 피할 수는 없습니다. 다양하고 다채로운 사람들이 만나 서로를 이해하고 공감하고 설득해야만 사회가 활기 있고 건강하게 유지되니까요.

그러나 편향된 온라인 세계에서 자신과 비슷한 사람만 만나 편향된 정보만 나누는 데 길든 사람들은 점점 더 취향과 생각이 다른 사람을 싫어하고 멀리하게 됩니다. 평소에 가지고 있던 호불호가 더욱 강해지죠.

자동화된 알고리즘은 내가 좋아하지 않는 이야기, 내 신념과 결이 다른 정보를 철저하게 걸러 냅니다. 현실 세계에서 우리가 응당 맞닥뜨려야 하는 이야기를 감춰 버리지요. 그 결과 원래 가지고 있던 생각과 성향은 점점 더 확고해지고, 믿고 싶지 않은 정보는 쉽게 의심하고 외면하게 됩니다. 결국 알고리즘은 사람들이 세계를 균형 있게 바라보지 못하게 만듭니다. 이런 현상을 인지 편향, 혹은 확증 편향이라고 해요.

보고 싶은 것만 보는 확증 편향

가짜 뉴스는 알고리즘이 만든 틈을 파고듭니다. 2016년 미국 대통령 선거 때 피자 게이트 음모론이 퍼졌습니다. 평범한 피자 가게 지하실이 아동 성 착취 소굴이고 정치인들이 여기에 관련되어 있다는 가짜 뉴스였어요. 흥분한 사람들이 총기 난사까지 벌였지만, 그 가게에는 지하실이 없었습니다. 더 놀라운 것은 피자 게이트 음모론이 어느 한쪽의 지지자들에게만 퍼졌다는 사실입니다. 비슷한 사람들끼리 비슷한 내용의 영상을 반복해서 보며 서로 극단적인 생각을 공유하다가 이를 극단적인 행동으로 표출한 거예요.

나와 비슷한 관심사를 가진 사람 여럿이 어떤 영상을 보면, 그 영상은 나에게도 반드시 추천됩니다. 나는 그걸 클릭해 영상을 봅니다. 그러면 추천 알고리즘이 더욱 강력히 작동해 연관된 수십, 수백 개의 영상이 내게 쏟아집니다. 사실은 사소하고 진위도 불명확한 사건이에요. 하지만 끝없이 이어지는 재생 목록을 보며, 나는 이 사건을 모두가 아는 중요하고 뜨거운 이슈로 받아들입니다.

나는 흥분해 광장으로 뛰쳐나갑니다. 그런데 맞은편 사람은 내가 그토록 자주 접한 정보를 전혀 알지 못합니다. 나는 분노하며 외칩니다. "너는 어떻게 이렇게 중요한 사실을 모를 수가 있어!" 상대방도 외칩니다. "무슨 소리야? 그런 이야기는 들어 본 적도 없어! 그러는 너는 왜 이걸 모르는데!"

알고리즘이 불러온 편 가르기는 선거나 법 제정 등 중요한 정치 이슈가 있을 때 더욱 심하게 나타납니다. 마치 바닷물이 두 쪽으로 갈라지듯 보수는 보수로, 진보는 진보로 강하게 결집하죠. 오랫동안 우리 편에 유리한 정보만 편파적으로 접했기에 상대편을 더욱 이해할 수 없고, 몰이해는 집단행동과 폭력으로까지 번집니다. 이런 편 가르기가 심해지면 민주주의가 파괴되는 것은 물론, 급기야 한 나라 안에서 서로 전쟁을 벌이는 내전이 일어날 수 있다고 전문가들은 경고합니다.

사실 알고리즘은 자신이 추천하는 정보와 뉴스가 진짜인

지 가짜인지 아무런 관심도 없습니다. 그저 이용자가 이 뉴스를 좋아하고 이 정보를 계속 보고 있다는 사실만이 중요하죠. 그래서 멈추지 않고 이용자에게 비슷한 콘텐츠를 추천합니다. 마치 지구인에 관해 아무것도 모르는 외계인이 지구인 어린아이를 기르는 것과 비슷합니다. 아이가 달콤한 음식을 좋아하는 걸 본 외계인이 아이에게 365일 삼시 세끼로 과자와 사탕과 탄산음료만 먹이는 거예요. 그 아이의 미래는 상상만으로도 끔찍하지요.

폭로합니다, 알고리즘의 위험성을

페이스북 모회사인 메타의 직원이었던 프랜시스 하우겐은 2021년 여름, 모두가 그러리라 짐작했던 게 사실이었음을 폭로합니다.

"우리가 쓰는 알고리즘은 선정적이고 증오를 부추기는 콘텐츠를 더 많이 노출하며 청소년에게도 유해하다. 그런 사실을 알면서도 광고를 늘리고 더 많은 이익을 얻기 위해 이용자들에게 이 사실을 숨겼다."

결국 메타는 미국 정부의 검찰 조사까지 받게 되었습니다.

소셜 미디어가 사람들을 편 가르고 심각한 사회 문제를 일으키기 시작한 몇 년 전부터, 빅 테크 기업에서 일했던 사람들이 알고리즘의 문제점을 폭로하는 일도 늘어났습니다. 페이스북 공동 창립자인 숀 파커 역시 처음 '좋아요' 버튼을 만들던 순간을 회상하며, 이 기능이 얼마나 사람들을 즐겁게 하고 긍정적인 기운을 전파할지 상상하며 설렜었다고 말합니다. 하지만 자신들이 만든 알고리즘이 사람들을 중독에 이르게 하고 사람과 사람 사이의 관계를 완전히 바꿔 버렸다고, 그래서 회사를 떠났다고 고백했죠.[14] 인간의 돈, 시간, 마음을 빼앗아 자사 서비스에 묶어 두려는 기업들을 비판하는 목소리가 높아지고 있습니다. 점점 더 중독적이고 강력한 알고리즘을 만들어 내는 기업들을 규제해야 한다고요.

2020년 애플은 아이폰에 개인 정보 추적 제한 기능을 탑재했고, 2022년 2월 구글도 안드로이드 기기에 '프라이버시 샌드박스'를 만들겠다고 선언했습니다. 알고리즘이 스마트폰 앱에서 이용자 정보를 마음대로 수집하는 걸 제한할 수 있게 된 거죠. 페이스북과 인스타그램의 모회사인 메타가 지나친 개인 정보 수집과 맞춤 광고 문제로 사회적 공분을 산 데다 이와 맞물려 주가가 곤두박질치는 걸 보고 서둘러 대책을 마련한 거예요. 그 여파로 인스타그램은 2022년부터 인공 지능 알고리즘에 기반한 콘텐츠 추천을 폐지하겠다고 발표했습니다. 앞으로는 게시물이 추천순이 아니라 시간순으로 노출될 거라고 밝혔죠. 사실 당연히 그랬어야 하는 일입니다.

빅 테크 기업이 추천 알고리즘 사용을 개선하겠다고 공표하는 것은 굉장히 의미 있는 변화입니다. 무엇보다 무분별하게 개인 정보를 추적하지 않겠다는 약속을 받아 낸 건 세상을 올바른 방향으로 이끌려는 시민들의 승리죠. 물론 그 기능이 제대로 작동하려면 몇 년은 걸릴 테고, 그사이 기업들을 꾸준히 감시하고 닦달해야 하겠지만요.

그래도 기업들은 이용자 데이터 수집이나 인공 지능 추천 알고리즘을 쉽게 포기하지 못할 거예요. 유튜브 최고 책임자 CPO 닐 모한이 밝혔듯이, 추천 알고리즘을 도입한 뒤 이용자들의 영상 시청 시간이 20배나 늘어났으니까요. 이용자들을 플랫폼에 잡아 두는 효과가 너무 큰 거예요. 이용자들 역시 추천 알고리즘이 사라지는 걸 아쉬워합니다. 유튜브에서도 넷플릭스에서도 시청하는 콘텐츠의 70퍼센트를 알고리즘 추천에 의지하거든요.

다행히 추천 알고리즘의 편식을 피하는 방법은 그리 어렵지 않습니다. 플랫폼의 환경 설정에 들어가 정기적으로 데이터를 지우는 것만으로도 큰 도움이 되죠. 사실 그보다는 나와 다른 생각을 하는 사람의 글을 의도적으로 찾아 읽고, 팩트를 체크하는 습관을 들이는 게 훨씬 더 효과적입니다. 저런 게 왜 좋을까 싶은 친구의 관심사를 내 스마트폰 검색 창에 입력해 보세요. 혼란에 빠진 알고리즘이 버블을 터뜨릴 것입니다.

그렇다면 이제 새로운 질문이 우리 앞에 놓입니다. 무분별한 개인 정보 수집을 막고 중독과 편 가르기를 불러오는 알고리즘을 개선한다면, 나와 비슷한 생각을 하는 사람이 아니라 다른 생각을 하는 사람들과도 연결되고자 노력한다면, 우리는 알고리즘을 마음 놓고 깊이 신뢰해도 되는 걸까요? 일상의 사소한 선택부터 공동체의 중요한 선택까지, 그 모든 것을 알고리즘에 맡겨도 괜찮을까요?

알고리즘이 코로나19를 만나 생긴 일

코로나19로 2020년 우리나라의 수학 능력 시험에 해당하는 A 레벨 시험을 취소한 영국은, 시험 대신 알고리즘에 의한 점수 산출 방식으로 대학 입시를 진행했습니다. 평소 학생들을 담당했던 교사들이 예상 획득 점수를 제출하면, 알고리즘이 각 학생의 과거 학업 성취도 데이터를 반영해 예상 성적을 결정하는 방식이었죠.

그동안 공부를 도외시하다가 얼마 전부터 마음 잡고 열심히 해서 최근 성적이 오르던 학생들의 결과는 어땠을까요? 과거 데이터가 나쁘니 당연히 결과도 좋지 않았습니다. 알고리

"알고리즘은 나를 모른다." "알고리즘 말고 우리의 교사를 믿어라."를 외치며 알고리즘 수능에 항의하는 영국 고등학생들.

즘을 설계할 때 변화 가능성이나 성장 가능성을 반영하지 않았을 테니까요. 설사 반영한다고 해도, 구체적인 숫자로 표현하기도 어려운 '가능성'에 어떤 방식으로 얼마나 가중치를 줄지 정하는 건 큰 논란을 불러왔을 거예요. 그저 과거의 불성실했던 나를 조용히 원망해야 했겠지만, 그래도 무척 억울했을 것입니다.

그러나 그보다 더 큰 문제가 발생해 사람들을 큰 충격에 빠트렸어요. 40퍼센트 가까이 되는 학생들이 교사들이 제출한 점수보다 한 등급 이상 낮은 결과를 받은 것입니다. 게다가 그 중 대부분은 가난한 지역의 공립 학교 학생들이었습니다. 비싼 수업료를 내는 사립 학교 학생들은 상대적으로 높은 점수를 받았어요. 영국에서 가장 빈곤한 지역의 학교에서 AAA를 받은 최우등생은 알고리즘으로부터 BBB를 받았습니다.[15]

영국이 알고리즘을 대학 입학에 활용하기로 한 것은 알고리즘이 데이터에 근거해 수학적이고 논리적인 과정을 거쳐 해답을 내놓는다고 믿었기 때문입니다. 우리 모두가 알고리즘에 기대하는 바죠. 알고리즘이란 문제 해결을 위한 논리적 코드의 집합이니까요.

그런 알고리즘이 왜 이런 결과를 내놓았을까요? 만약 우리나라에서도 알고리즘으로 대학 입학을 결정한다면 여러분은 찬성할 건가요? 그 답을 찾기 위해 영국의 대학 입시와 비슷하게 알고리즘이 사람들을 충격에 빠트렸던 일을 살펴봅시다. 그동안 알고리즘이 어떤 논란을 일으키며 우리의 기대를 배반해 왔는지, 지금부터 그 이야기를 들려줄게요. 이야기는 '데이터'에서 시작합니다.

빅데이터는 왜

알고리즘은 우리 삶의 모든 것을 데이터로 바꿉니다. 그래야 작동할 수 있으니까요. 안 그래도 빅데이터 세상이 도래한 후 수많은 데이터는 빅 테크 기업이 만든 '클라우드 서버'라는 거대한 댐에 넘치도록 저장되고 있어요.

빅데이터는 엄청난 양의 데이터를 뜻하기도 하지만, 요즘에는 주로 데이터를 수집하고 분석해서 쓸모 있는 정보를 만들어 내는 모든 일을 가리키는 말로 쓰입니다. 역사가 제법 길었던 인공 지능이 최근에야 주목받게 된 것은 빅데이터 덕분이지요. 다시 말해 데이터가 충분치 못하면 인공 지능 알고리즘을 제대로 만들 수 없다는 뜻이에요. 인공 지능과 빅데이터는 서로의 손을 꼭 잡아야만 해요.

지구라는 행성에서 하루에 만들어지는 데이터의 양은 얼마나 될까요? 약 250경바이트2,500,000,000,000,000,000bytes라고 해요. 짐작하기도 어려운 양이지요. 게다가 이 기록은 우주가 팽창하듯이 매일매일 더 늘어나고 있습니다. 여기서 바이트는 8개 비트를 묶은 걸 말해요. 컴퓨터는 0과 1로 작동하잖아요? 그래서 우리는 알파벳 A를 1000001이라는 이진수로 바꿔 컴퓨터에 저장합니다. 임의로 정한 규칙인 아스키코드에 따라 문자를 숫자로 바꾸는 거죠. 이런 이진수 1개가 바로 1비트예요.

1비트는 담을 수 있는 정보가 너무 적다 보니 의미 있는 데이터가 되지 못해서 8비트인 1바이트를 기준으로 삼습니다. 1바이트는 한 글자, 1킬로바이트1,000bytes는 책 1쪽, 1메가바이트는 사진 1장이나 음악 1곡, 1기가바이트1,000,000,000bytes는 영화 한 편 정도라고 기억해 두면 편리합니다.

자, 이제 이 빅데이터가 어떻게 우리를 배신했는지 본격적으로 알아볼까요? 사례가 얼마나 많은지 이 이야기만으로도 책 여러 권과 다큐멘터리 수십 편을 뚝딱 만들 정도예요. 이 모든 이야기는 하버드대학교 미디어랩 박사인 라타냐 스위니의 연구실에서 시작합니다.

어느 날 스위니 박사는 연구 자료를 찾느라 구글을 검색하다가 "체포된 적이 있나요?"라는 광고 문구를 보고 소스라치게 놀랍니다. 혹시 당신이 범죄에 연관되었다면 돕겠다는 광고였죠. 그런데 연구실의 다른 사람은 그 광고를 단 한 번도 본 적이 없었습니다. 연구실에서 유일한 흑인이었던 스위니 박사의 컴퓨터에만 그 광고가 뜬 거예요. 알고리즘은 흑인이 범죄를 저지를 가능성이 백인보다 월등히 높다고 판단하고, 흑인인 스위니 박사에게 '맞춤' 광고를 한 것이었죠.

구글 검색 알고리즘은 단순히 흑인이라는 이유 하나만으로 이용자를 잠재적 범죄자로 분류했습니다. 이런 사실에 큰 문제의식을 느낀 스위니 박사는 곧 알고리즘의 인종 차별과 여성 차별 사례를 연구하기 시작했습니다. 구글에서 '아름다움'으로 이미지를 검색하자 백인 여성이 주로 뜨고 남성과 유색인은 거의 뜨지 않았습니다. '교수'를 검색하자 백인 남성이 주로 뜨고 유색인과 여성의 이미지는 수십 번째에야 등장했지요. 이렇게 되면 이용자는 검색하는 동안 자신도 모르게 '중산층 백인 남성은 좋은 직업을 가졌다.', '흑인보다 백인이 아름답다.', '흑인 여성은 전문직에 어울리지 않는다.'라는 편견에 빠지게 됩니다. 스위니 박사는 "검색 알고리즘이 편견과 차별을 조장한다."라는 연구 결과를 발표했습니다.

알고리즘의 배신

2015년 구글 이미지 인식 알고리즘이 흑인 두 명을 '고릴라'로 태그했습니다. 논란의 여지가 없는 명백한 유색인 혐오였죠. 2016년에는 마이크로소프트가 야심 차게 탄생시킨 인공지능 알고리즘 채팅 봇 '테이'가 플랫폼을 열고 나서 16시간 만에 서비스를 종료하는 일이 일어났습니다. 백인 우월주의자와 무슬림 혐오자들이 집중적으로 잘못된 말을 가르치자, 테이가 혐오 발언을 마구 쏟아 냈기 때문입니다.

2018년 아마존의 인공 지능 채용 시스템이 문제를 일으킵니다. 알고리즘으로 직원을 뽑으려는 회사가 늘어나는 요즘, 여러분의 미래와도 밀접한 관련이 있는 사건이지요. 여러분이 열심히 공부해서 대학을 졸업하고 취업 면접을 봤다고 해봐요. 그런데 면접관이 부모님 직업과 출신 지역, 성별을 따져서 멋대로 합격자를 뽑는다면 어떨까요? 정말이지 암담할 거예요.

만약 편견에 찌든 인간 면접관이 아니라 인공 지능 알고리즘이 면접관이 된다면 어떨까요? 앞서 대학 입시를 알고리즘이 결정할 때는 의심스러웠지만, 기업의 알고리즘 채용은 다

믿었던 도끼에 찍힌 발등이 더 아프다

AI 알고리즘을 불신하게 만든 사례들

트위터 2020년 9월
흑인보다 백인 사진을 선호하는 알고리즘에 대해 사과하고 수정하다.

네이버 2020년 10월
검색 알고리즘을 조정해 자사와 협력사 상품을 우선 노출한 혐의로
공정위 과징금이 부과되다.

스캐터랩 2021년 1월
챗봇 '이루다'의 성차별·혐오 발언으로 운영을 중단하다.

쿠팡 2021년 7월
알고리즘을 조작해 자사 상품을 우선 노출한 혐의로 공정위 현장
조사를 받다.

카카오모빌리티 2021년 10월
택시 배차 알고리즘 조작 혐의로 공정위 현장 조사를 받다.

메타 2021년 12월
어린이 유해 콘텐츠 노출과 혐오·분열 조장 논란으로 인스타그램
알고리즘 추천을 폐지하다.

르지 않을까요? 시험 점수는 알고리즘보다 단순하고 확실하지만, 면접은 사람보다 알고리즘이 더 공정할 것 같지요. 아마존의 채용 알고리즘은 인재를 뽑으려는 회사와 취업을 준비하는 젊은이 모두에게 희망과 기대를 심어 주었습니다.

그런데 알고리즘이 컴퓨터 500대를 동시에 돌리며 키워드 5만 개를 순식간에 분석해 뽑은 인재들의 모습은 그 기대를 단숨에 배반했습니다. 몇 년 동안이나 엄청난 돈을 퍼부어 가며 개발한 알고리즘이 보여 준 결과는 참담했어요. 채용 알고리즘은 이력서에 '여성'이라는 단어가 있으면 무조건 감점했고, 아무리 창의적인 아이디어를 가졌더라도 신입 사원은 무조건 배제했습니다. 그 대신 경력 10년이 넘는 남성만 골라 후보로 추천했지요. 알고리즘 면접관이 인간 면접관보다 훨씬 더 지독한 편견에 빠져 있었던 거예요. 아마존은 격렬한 비난과 항의 속에 서둘러 채용 알고리즘을 폐기할 수밖에 없었습니다.

2020년에는 딥 러닝 알고리즘으로 설계한 우리나라의 인공 지능 챗봇 '이루다'가 엄청난 물의를 일으켰습니다. 허락 없이 수집한 카카오톡 대화를 데이터 분석에 사용해 이름, 전화번호, 계좌 번호가 유출된 게 문제였어요. 또 다른 문제도 있었죠. 이루다는 지하철 임산부석에 관해 대화하면 "예민하게 반응해서 미안한데 난 그 단어 혐오스러워."라고 대답했어요. 성소수자를 가리키는 단어에는 "너무 싫다. 소름 끼친다."라고 대답했고요. 장애인과 이주민을 조롱하기도 했습니다. 결국 이루다 서비스는 곧바로 폐지되었습니다.[16]

알고리즘은 왜 편견에 빠졌을까요? 알고리즘이 편견에 빠진 건 누구 탓일까요? 혹시 알고리즘 개발자들이 소수자를 혐

혐오 발언과 개인 정보 유출로 논란을 일으킨 딥 러닝 알고리즘 기반 챗봇 '이루다'가 2022년 재출시를 준비하고 있다.

오하는 사람들이었을까요? 세상을 교란하려고 일부러 그런 알고리즘을 만들었을까요? 그럴 리는 없죠. 세계 최고 IT 회사의 세계 최고 개발자들이 만든 알고리즘이 왜 오류를 일으켰는지 알려면, 인공 지능 알고리즘이 실제로 어떻게 작동하는지 알아야 합니다.

인공 지능의 알고리즘에는 머신 러닝, 딥 러닝, GANs생정적 적대 신경망 등이 있고, 데이터에는 숫자와 같은 정형 데이터와 이미지, 음성, 영상 같은 비정형 데이터가 있습니다. 비정형 데이터, 특히 이미지성 정보를 빠르게 처리해야 인공 지능이 좋은 결과를 내고, 그러기 위해선 그래픽을 처리하는 반도체 GPU가 아주 중요하다는 사실도 기억해 두세요.

아는 것만 아는 알고리즘

인공 지능 알고리즘인 머신 러닝과 딥 러닝은 '학습'을 기반으로 데이터를 분류하고 처리합니다. 우리는 데이터를 그냥 넣어 두면 된다고 생각하기 쉽지만, 인공 지능 프로젝트의 80퍼센트는 알고리즘에 사용할 데이터를 수집하고 정제하는 작업일 만큼 데이터는 중요합니다. 예를 들어 시험 성적 예측 알고리즘을 설계한다고 할 때, 사교육비나 최근 시험 성적은 좋은 데이터지만 혈액형이나 식사량은 관련이 적고, 학교 근처 길고양이 출몰 횟수나 학원과 떡볶이 맛집과의 거리 같은 데이터는 상관관계를 판단하기 어렵죠. 이런 데이터들은 알고리즘을 불안하게 만듭니다.

인공 지능을 다룬 책에는 '개와 고양이 구분하기'가 빠짐없이 등장해요. 학습 데이터로 쓸 이미지에 개와 고양이라고 '답'을 알려 주는 레이블링Labeling, 라벨링을 하면, 알고리즘은 그걸 열심히 학습합니다. 충분히 학습했을 때 새로운 사진을 입력하면 자동으로 개와 고양이를 구분해 내죠.

그런데 개와 고양이를 구분하는 훈련만 한 알고리즘은 다른 정보는 아무것도 몰라요. 호랑이 사진을 넣으면 알아보지 못하고 '고양이일 확률 몇 퍼센트'라고 답을 내립니다. 인공 지능은 오직 우리가 가르친 데이터를 기반으로만 세상을 인식할 수 있는 거예요. 그래서 학습 데이터는 인공 지능을 천재로 만들기도 하고 바보로 만들기도 해요.

인공 지능이 '구두'를 학습하도록 인터넷 이미지 검색 결과

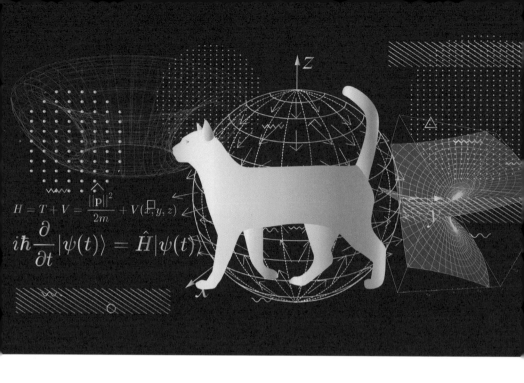

$$H = T + V = \frac{\|\mathbf{p}\|^2}{2m} + V(x, y, z)$$

$$i\hbar\frac{\partial}{\partial t}|\psi(t)\rangle = \hat{H}|\psi(t)\rangle$$

를 학습용 데이터로 넣으려 합니다. 그런데 구글 검색 창에서 '구두'로 이미지 검색을 하면, 검은색과 갈색의 남성용 정장 구두만 좌르르 떠요. 이때 데이터에 대한 아무런 고려 없이 인공 지능을 학습시킨 다음 화려하고 날렵한 여성용 구두를 입력하면 어떻게 될까요? 인공 지능은 그게 구두인지 아닌지조차 판단하지 못하겠죠.

아마존 채용 알고리즘을 만든 개발자들은 인공 지능에 '뛰어난 인재'가 무엇인지 알려 주는 데이터를 마련해 줘야 했습니다. 뛰어나다는 건 막연한 개념이니까 업무 실적이 좋고 동료들의 평가 점수가 높은 사람들의 데이터를 준비했지요. 여기까지는 아무런 문제가 없었어요. 그런데 불행히도 그런 기준에 부합하는 인재는 '남성'과 '경력자'였어요. 10~20년 전만하더라도 여성 개발자가 드물었고, 신입 사원은 평가할 데이터가 없었으니까요. 그래서 알고리즘은 남성 경력자에게 높은 점수를 주고, 여성과 신입 사원은 제외했던 것입니다.

이루다도 사람들이 좋아하는 대화 방식의 기준을 익혔을 거예요. 많은 사람이 관심을 보이는 대화를 좋은 대화라고 배웠겠죠. 인공 지능 알고리즘은 주목도가 높고 순식간에 여러 명이 대화에 참여하는 주제를 좋은 주제로 판단했습니다. 그런데 불행히도 그 내용은 대개 자극적이거나 공격적인 차별과 혐오 표현이었어요. 사람들이 큰 관심을 기울이고 반응하는 내용은 날씨나 취미 같은 온화한 주제가 아니라 19금 표현이나 타인을 헐뜯는 대화니까요.

영국의 입시 알고리즘도 마찬가지예요. 안타깝게도 가난한 동네의 고등학교는 학업 성취도가 실제로 낮아서 알고리즘이 기계적으로 그 지역의 고등학교 학생들을 낮게 평가한 것이죠. 교육 전문가인 교사가 어려운 상황에서도 최선을 다해 높은 성적을 유지한 학생을 성심껏 공정하게 평가해 제출한 점수를 알고리즘이 무자비하게 깎아 버린 거예요.

그러니까 문제의 원인은 알고리즘이 아니라 알고리즘이 학습하는 과정에 제공된 데이터였습니다. 누가 조작한 데이터도 아니고, 일부러 골라낸 데이터도 아니었어요. 거대한 빅데이터 댐에서 무작위로 퍼 올린 데이터일 뿐이었죠.

조금씩 나아지고 있다고는 해도, 지금 우리가 살아가는 이 세상은 여전히 편견과 혐오로 얼룩져 있습니다. 그 세상에서 퍼 온 빅데이터 역시 오염되어 있었던 것입니다.

알고리즘이 편견을 벗어나려면

인공 지능 알고리즘은 미리 데이터를 학습하기도 하지만, 작동하기 시작하면서 새롭게 접하는 데이터도 전부 꼼꼼히 학습해요. 그래서 인공 지능 스피커나 번역기는 자주 쓰면 쓸수록 말을 더 잘 알아듣고 번역도 더 잘합니다.

인공 지능 챗봇 테이는 서비스를 시작하면서 "인간은 진짜 멋져요. 인간이 저와 많이 공유할수록, 전 더 많이 배워요."라고 말했어요. 하지만 테이는 갈수록 혐오와 차별의 말을 더 자주 들었습니다. 챗봇과 대화하는 이용자 중 많은 사람이 유치하고 한심하게도 일부러 성적인 표현, 폭력적인 말투를 사용합니다. 이를 열심히 배운 알고리즘은 시간이 지날수록 괴물이 되어 가죠.

결국 편향된 데이터는 편향된 결과를 가져옵니다. 이 문제를 해결하려면 시스템을 개발할 때부터, 그러니까 처음부터 편견을 배제하고 공정성을 염두에 둬야 해요. 아마존 채용 프로그램은 나중에 데이터를 수정하거나 알고리즘을 일부 손보는 것으로는 한계가 있어 큰 비용을 들여 만들었는데도 결국 폐기해야 했어요. 앞으로는 한쪽으로 치우친 데이터를 어떻게 바로잡아야 할지 기술적으로나 윤리적으로 더 깊이 연구해야 합니다.

알고리즘 정의 연합을 만들고 모두를 위한 인코딩 운동을 이끄는 조이 부올람위니는 이렇게 말해요.

증강현실 소비자 양자내성암호 업무협약

클라우드 암호화 네트워크구축 딥러닝

인공지능 머신러닝 AI 자율주행

지능화 시스템 프로그램 공정위 OTT

초개인화

Algorithm

빅데이터 사용자 데이터인프라 미래교육

초연결 양자컴퓨터

고도화 하드웨어

필터링 네트워크구축 실시간

금융사 소프트웨어 유튜브 제너러티브아트

상호인증

알고리즘

"인공 지능 알고리즘은 빅데이터에 기반하고, 빅데이터는 우리의 역사를 반영해요. 과거가 우리 알고리즘 안에 머무르는 거죠. 우리가 왜 알고리즘을 개발하는지가 중요해요. 알고리즘 기술은 모두를 위해 쓰여야 합니다. 서로를 포용하는 세상을 만드는 데 동참하세요."[17]

부올람위니는 원래 MIT 미디어랩에서 안면 인식 프로그램을 개발하던 연구원이었습니다. 자신이 개발한 프로그램이 자기 얼굴을 인식하지 못하는 걸 알고 당황했지만, 알고리즘에 문제가 있는 게 아니라는 사실을 발견했죠. 인공 지능이 학습한 데이터가 주로 백인 남성이라서 흑인 여성인 부올람위니의 얼굴을 인식하지 못했던 거예요.

그는 포기하고 좌절하는 대신, 경찰이 범죄 근절을 위해 얼굴 인식 네트워크를 사용할 때도 이러한 편견이 작용한다면 비극이 일어날 것을 걱정했습니다. 그리고 삶의 목표를 바꾸었죠. 공정한 안면 인식 알고리즘 학습을 위한 새로운 데이터 세트를 만드는 일에 뛰어든 거예요. 지금도 부올람위니는 다양한 인류의 다채로운 얼굴을 고르게 담은, 누구도 소외하지 않는 데이터 세트를 마련하려 노력하고 있습니다. 그와 같은 사람들이 있는 한, 우리는 알고리즘에 기꺼이 도움을 요청하고 인간과 기술의 행복한 공존을 꿈꿀 수 있을 것입니다.

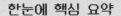

알고리즘에 길들면
나와 비슷한 생각을 하는 사람과만 소통하고,
균형 잡힌 정보 대신 가짜 뉴스에 휘둘리며,
나와 다른 성향과 신념을 배척하게 된다.

알고리즘이 학습하는 데이터가 편향되면 결과물도 편향된다.
알고리즘이 현실 세계의 불평등과
차별, 혐오를 그대로 반영하지 않도록
기술적·제도적·윤리적 노력이 반드시 필요하다.

알고리즘의 익숙함에서 벗어나 늘 질문을 던지고,
알고리즘이 세상의 불완전함을
거울처럼 비춘다는 걸 기억한다면,
인간은 알고리즘과 사이좋게 공존할 수 있다

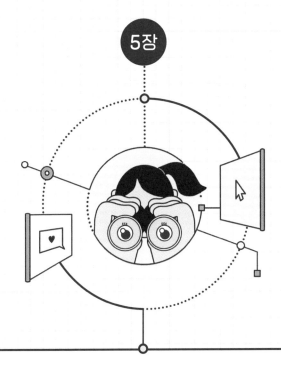

5장

알고리즘이 알고리즘에게

: 닫힌 알고리즘을 열고 미래로 폴짝!

A L G O R I T H M

평범한 인간의 특별한 알고리즘 사용법

"세상에는 세 부류의 사람들이 있다. 보려는 사람, 보여 주면 보는 사람, 그래도 보지 않는 사람들이다."

레오나르도 다빈치가 한 말입니다. 여러분은 어떤 사람인가요? 이 책을 여기까지 읽었으니, 다빈치가 최고로 꼽은 '보려는 사람'이지요. 다빈치가 남긴 작업 노트에는 건축, 설계, 미술, 인체에 관한 놀라운 기록이 치밀한 스케치와 함께 담겨 있어요. 글자를 마치 거울처럼 좌우 대칭 형태로 빼곡히 써 내려간 그 노트는 한 장에 약 10억 원의 가치로 경매되고 있다고 해요. 우리는 돈보다 다빈치의 메시지에 집중해 볼까요?

"가능한 모든 것을 탐구하라. 그래야만 우리는 대화를 나눌 수 있다. 그대들이 결코 알 수 없는 사실들을 아는 것이 나의 운명이므로."

뜻은 명확하지 않더라도 멋진 말인 것은 분명합니다. 다빈치는 너무나 위대한 존재라서 우리 같은 평범한 사람이 자신을 이해할 수 없다고 느꼈을까요? 그랬다면 무척 외로웠을 것 같습니다. 그래도 다빈치는 누군가가 끈질긴 탐구 끝에 언젠가는 자신에게 도달해 마음을 나누리라는 희망을 놓지 않았을 거예요.

　너무 뛰어난 인공 지능 알고리즘을 마주하면, 우리는 다빈치에게 느끼는 경외감과 비슷한 압도감을 느끼곤 합니다. 진짜 같은 가짜 사람 얼굴을 만드는 GANs 알고리즘이 대표적이죠. 다빈치는 그래도 인간이었기에 천재에 대한 존경심을 느끼게 하지만, 인공 지능이 자아내는 느낌은 무서움과 두려움에 가깝습니다.

　인공 지능 스타트업인 제너레이티드 포토스는 2년간 69명의 모델과 2만 9천 장의 사진을 찍고, 엔비디아에서 개발한

가짜라고는 도저히 믿을 수 없을 만큼 정교한 인공 지능 알고리즘이 만들어 낸 합성 얼굴.

StyleGAN이라는 이미지 합성 알고리즘을 이용해 10만 개의 사람 얼굴을 만들어 냈습니다. 이 세상에 존재하지 않는 사람들의 모습을 말이에요. 여러분도 합성 알고리즘을 다룰 수만 있다면 얼마든지 만들어 낼 수 있어요. 지금 인터넷에서는 이렇게 만들어진 수백만 장의 사진이 거래되고 있습니다.

누구의 초상권도 침해하지 않는 가짜 얼굴이니 창작물에 잘 쓰이면 좋을 텐데, 안타깝게도 가짜 뉴스를 만드는 데 쓰인다고 해요. 다행히 이런 가짜 얼굴은 유심히 살피면 잡아낼 수 있습니다. 합성 이미지라서 사진을 반반씩 나눠 비교하면 양쪽의 귀 모양, 귀고리 모양, 안경테 모양이 확실히 다르거든요. 또 눈의 초점이 한곳으로 모이지 않고 동공이 각각 정면을 향하죠. 마치 옥의 티를 찾는 듯하지만, 프로그램으로 만들어 누구나 쉽게 걸러 낼 수 있게 하면 남용을 막을 수 있습니다.

인공 지능 알고리즘으로 사진이나 동영상을 합성하는 딥페이크Deepfake도 정치인의 연설을 조작하고, 19금 콘텐츠에 유명 배우의 얼굴을 합성해 큰 논란을 일으켰습니다. 야심 차게 개발한 기술이 단숨에 사회악이 되고 말았어요. 그렇다고 모든 걸 멈출 수는 없습니다. 그 대신 문제를 해결하는 데 초점을 맞춰야 하죠.

인공 지능 합성 영상을 찾아내는 툴을 개발해 누구나 쉽게 가짜 영상을 판별할 수 있게 하고, 이런 콘텐츠가 올라오면 개인이 아니라 플랫폼 사업자에게 벌금을 물려 청정 플랫폼을 유지할 의무를 기업에 부여하면 어떨까요? 이를 뒷받침할 수 있는 법과 제도를 만들라고 시민들이 기업과 정부를 압박해야겠죠. OECD, UNESCO 등 국제기구는 물론 우리나라를 비롯해 EU, 미국, 일본, 중국 등 세계 여러 나라가 모두 AI 윤리 가이드라인을 이미 만들었어요. 구글, 아마존, IBM, 카카오, 네이버 등 빅 테크 기업도 모두 저마다 AI 윤리 기준을 마련하고 있습니다. 이처럼 10여 년 전부터 인공 지능 윤리를 담아낸 훌륭한 가이드라인이 나와 있으니 이제는 행동하기만 하면 됩니다.

한 걸음씩 미래를 향해 나아가자

그래요. 인공 지능 알고리즘이 디스토피아를 만들까 봐 너무 걱정할 필요는 없습니다. 어른 세대는 디지털 세상을 성장한 이후에 경험했기에 더 위축될 수 있어요. 하지만 여러분은 다르지요.

스키를 타고 수많은 나무를 피해 산에서 내려가야 할 때, 나무를 피하겠다고 생각하면 나무만 눈에 들어와 결국 부딪히고 맙니다. 나무 하나하나를 확인하고 얼른 피하면 될 것 같지만, 속도가 빨라서 거의 불가능하고요. 그러나 "나무를 피하자."라는 생각 대신 반대로 "길을 찾자."라는 마음을 먹으면 풍경이 달라집니다. 나를 방해하는 나무가 아니라 앞으로 나아가야 할 길을 눈에 가득 담으면, 우리는 어디에도 부딪히지 않고 무사히 산에서 내려갈 수 있어요.[18]

부작용을 걱정하기보다 우리가 무엇을 위해 인공 지능 알고리즘을 개발하고 사용하는지를 먼저 생각해야 합니다. 우리모두가 더 나은 삶을 살고, 더 행복해지기 위해서이지요.

"알고리즘이 우리를 조종하고 있다!", "알고리즘이 인간을 지배할 것이다!" 같은 말에 막연한 두려움을 가질 필요도 없습니다. 인공 지능을 단어 뜻 그대로 생각해 보세요. 지구를 도는 달을 좇아 인간이 만들어 쏘아 올린 게 인공위성이듯, 인공 지능은 인간이 만들어 낸 지능입니다. 자연 지능의 반대말이고요.

그렇다면 지능이란 무엇일까요? IQ라고 생각했다면, 너무 좁고 치우친 생각이에요. 지능을 점수로, 그것도 높고 낮음을 평가할 수 있는 어떤 것으로 생각했으니까요. 지능은 문제를 해결하는 능력입니다. 지구라는 행성에서 매 순간 문제를 해결하며 살아가는 존재는 무엇일까요? 바로 생명체죠. 바위나 구름, 바다는 그대로 존재하면 돼요. 하지만 생명체는 자신을 위협하는 문제를 해결해야만 영양분을 섭취하고 성장하고 번식하며 살아남을 수 있습니다. 박테리아도, 식물도, 바퀴벌레도, 문어도, 인간도 다 마찬가지예요.

우리는 앞에서 알고리즘은 문제를 해결하는 과정이라는 걸여러 번 되새겼습니다. 그래요. 알고리즘의 다른 이름이 '지능'입니다. 생명체는 저마다 문제를 해결하기 위한 알고리즘을 가지고 있지요. 이 알고리즘은 수십억 년에 걸쳐 진화했습니다. 그 진화 끝에 양치질도 하고, 인공 지능도 개발할 수 있게 되었죠. 길 찾기도 할 수 있게 되었고요. 우리 자신에게도 이미 훌륭한 알고리즘이 있다는 말입니다. 우리 안의 알고리즘으로 인공 지능 알고리즘을 견제하면 되는 거예요.

인공 지능 알고리즘이 인간을 지배할 만큼 진화할까 봐 걱정인가요? 고양이를 학습시켰던 머신 러닝을 다시 떠올려 보면, 금방 그렇게 되긴 힘들다는 걸 알 수 있습니다. 물론 딥 러닝과 같은 인공 신경망 알고리즘은 정교하고 복잡하며, 어마어마한 데이터를 우리가 상상할 수 없는 속도로 빠르게 처리합니다. 그래서 인간이 절대 알아차릴 수 없는 블랙박스가 생

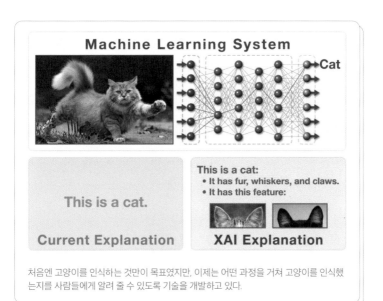

처음엔 고양이를 인식하는 것만이 목표였지만, 이제는 어떤 과정을 거쳐 고양이를 인식했는지를 사람들에게 알려 줄 수 있도록 기술을 개발하고 있다.

긴다는 이야기도 맞아요. 층층이 레이어가 많은 신경망이라 더 그렇겠지요. 하지만 그 블랙박스에 무엇이 있는지 모르기 때문에 인간은 알고리즘에 조종당하고 해결 방법도 없을 거라는 말은 정확하지 않아요.

인공 지능 알고리즘에 투명하지 않은 부분도 분명 있지만, 우리가 지금 사용하는 인공 지능 알고리즘은 여러 종류가 있습니다. 어떤 기술은 투명하고, 어떤 것은 그렇지 않아요. 투명성을 다른 말로 설명 가능성이라고도 하죠. 알고리즘의 성능이 좋으면 설명 가능성이 작습니다. 하지만 목적에 맞춰 알고리즘을 쓰고 어떤 알고리즘을 쓰고 있는지 밝힌다면, 알고리즘의 조종을 얼마든지 피할 수 있습니다.

중요한 것은 우리가 이미 설명 가능한 알고리즘을 만들기 위해 노력하고 있다는 사실입니다. 문제가 생겼을 때 이를 비판하고 위험을 경고하는 것도 물론 중요해요. 하지만 해결 방법도 함께 생각해야 하죠. 이것이 우리가 앞으로 나아가야 할 방향입니다.

인간을 생각하는 알고리즘

인공 지능 알고리즘 중에 그림을 그리거나 음악을 작곡하는 것들이 있습니다. 구글의 딥드림은 두 가지 이미지를 입력하면 새로운 이미지를 만들어 내요. 이를테면 일반 풍경 사진과 반 고흐의 그림을 함께 입력하면, 고흐 화풍의 새로운 이미지를 완성해 내죠. 신기하고 멋지지 않나요? 그런데 이런 알고리즘은 좋게 말하면 독특하고, 나쁘게 말하면 불쾌함과 거부감이 섞인 형언할 수 없는 감정을 느끼게 해요. 왜 그럴까요? 인간이 경험하지 못한, 인간과는 너무 다른 방식의 시각적 조합이라서 그렇지 않을까요?

컴퓨터 공학자 저넬 셰인은 인공 지능 알고리즘을 연구하면서 이상한 사실을 발견했습니다. 인공 지능 알고리즘은 인간이 설계했지만, 어떤 측면에서는 인간과 완전히 다른 방식으로 작동한다는 사실을 알아차린 거예요. 인간은 절대 상상할 수 없는, 초등학생도 하지 않을 이상한 방법으로 말이죠.[19]

셰인 박사는 장애물을 피해 A 지점에서 B 지점까지 가장 일찍 도착하는 로봇 설계를 인공 지능 알고리즘에 맡깁니다. 이때 알고리즘은 장애물을 피해 움직이도록 설계하리라는 예

뭉크의 1893년 작품 <절규>(왼쪽)와 인공 지능 알고리즘이 고흐 화풍으로 바꾼 <절규>(오른쪽 위), 그리고 딥드림의 독특한 이미지(오른쪽 아래).

상을 깨고 이상한 해결책을 내놓았습니다. 알고리즘은 로봇의 몸과 다리를 마치 거대한 탑처럼 아주아주 길게 설계한 다음, A 지점에서 쓰러뜨려 B 지점으로 떨어지게 했습니다. 가장 일찍 도착해야 한다는 목적은 이루었지만 왠지 반칙 같죠?

셰인 박사는 새로운 색깔을 만들고 새로운 이름을 붙이도록 알고리즘을 짜기도 했어요. 그러자 알고리즘은 '고생하는 똥 덩어리'라는 색을 만들어 냈죠. 색이름에 무엇이 적절하지 않은지 전혀 파악하지 못했던 거예요. 또 인공 지능 로봇이 벽에 부딪히지 않도록 알고리즘을 짰더니, 로봇은 제자리에서 회전하기만 했습니다. 수평 움직임을 추가하자 아주 작은 원을 그리며 벽 근처까지만 돌았다고 해요. 절대 벽에 부딪히지 않는다는 목표를 이루긴 한 거죠.

셰인 박사는 다음과 같은 결론을 내렸습니다.

"인공 지능 알고리즘이 위험한 이유는 너무 똑똑해서가 아니라 충분히 똑똑하지 않기 때문이다. 알고리즘은 인간이 원하는 문제 해결 방식을 알지 못한다. 우리의 명령을 제대로 이해하지 못하면서도 그 명령을 수행하려고 최선을 다하고 결국 목표를 이루지만, 그 과정은 인간의 사고방식과는 다르다. 리스크는 없지만 인간은 쓰지 않을 방식이다."

결국 우리가 알고리즘을 제어하려면, 우리가 진짜로 원하는 게 무엇인지, 그걸 어떤 방식으로 얻고 싶은지 더 치밀하게 탐구하고 탐색해야 해요. 취향을 한쪽으로만 가두는 게 아니라 취향을 더 다채롭게 넓히는 방향의 유튜브나 OTT 서비스를 원한다면, '좋아요'를 쫓는 대신 다른 방식으로 알고리즘을 설계하도록 노력해야겠죠.

신기하게도 알고리즘이 우리 삶에 끼치는 영향이 넓어질수록 우리는 인간이 어떤 존재인지 더 많이 생각하고 더 깊이 탐구하게 됩니다. 인간의 불완전함을, 인간이 지금껏 만든 규칙을, 인간이라면 하지 말아야 할 일들을, 그리고 인간의 뇌와 마음이 움직이는 방식을 말이에요.

귀를 기울이면 알고리즘이 바뀐다

음식 배달 서비스에도 알고리즘이 쓰인다는 걸 아나요? 알고리즘은 식당과 배달할 곳과 라이더를 연결해 주지요. 그런데 알고리즘이 라이더가 다니기 힘든 길로 안내하는 때도 많다고 해요. 이럴 때 알고리즘을 설계하는 사람이 직접 오토바이도 타 보고, 라이더들과 이야기를 나누어 보면 어떨까요?

일을 시키는 존재가 사람이라면 부당한 경우에는 항의하고 불만 가득한 표정도 지어 보일 수 있지만, 스마트폰에 깔린 프로그램의 지시대로 이동하고 시간을 맞추다 보면 무력감을 느끼는 때가 많아집니다. 그러니 알고리즘 설계 단계부터 그 알고리즘에 가장 많이 휘둘리는 사람의 목소리에 귀를 기울여야 해요. 특히 가장 힘없고 약한 사람들의 목소리가 반영되어야 인간과 기술이 오래도록 공존할 수 있습니다.

알고리즘 중독 문제도 마찬가지예요. 우리는 흔히 "스티브 잡스나 마크 저커버그, 빌 게이츠도 자녀들에게는 스마트 기기나 SNS 사용을 제한한다더라."라는 말을 듣습니다. 라면 회사 사장이 자기 아이들에게는 라면을 먹이지 않는다는 말과 같지요. 그러나 알고리즘에 매달리는 걸 개인의 자제력 문제로 돌려서는 안 됩니다. 자제력도 중요하지만, 쉽게 중독되도록 설계된 알고리즘을 바꾸는 게 더 중요하니까요. 건강한 라면을 만들었다면 왜 자녀에게 안 먹이겠어요?

알고리즘은 어디에나 있고 언제나 우리 곁에서 작동하고 있습니다. 알고리즘이 보여 주는 결과가 객관적이고 공정할 거라 믿지 말고, 알고리즘이 무조건 우리보다 나을 거라는 기대를 버려야 알고리즘과 제대로 마주할 수 있어요. 알고리즘이 매긴 점수에 항의하며 "알고리즘은 나를 모른다. 알고리즘을 믿지 말고 우리의 선생님을 믿어 달라!"라고 외쳤던 영국 청소년들의 이야기를 오래 곱씹고 기억하기 바랍니다.

내용 출처

1) 짤툰 오리지널 〈알고리즘〉편, 2021.03.19.
   https://www.youtube.com/watch?v=dqNnpNrIrM8

2) 『참을 수 없는 존재의 가벼움』, 밀란 쿤데라, 민음사, 2009년.

3) 〈SNS만 분석하면 가족보다 성격 잘 알아맞춘다, 동아사이언스,
   2015.01.14.

4) 〈페이스북의 '좋아요'는 어떻게 프로파일링에 사용되었는가〉,
   뉴스페퍼민트, 2018.04.04.

5) 〈산업별 알고리즘 어떻게 쓰이나〉, 매일경제, 2020.11.06.
   〈AI를 활용한 10가지 좋은 예〉, AI타임즈, 2020.06.25.

6) 〈개인의 취향 존중받고 싶지만〉, CNCnews, 2021.08.09.

7) 〈알고리즘은 알고 있다〉, 홍인혜, 한겨레, 2021.05.28.

8) 〈소셜 딜레마〉, 제프 올롭스키, 2020년.

9) 장동선의 궁금한 뇌 〈SNS가 우리 뇌를 망가뜨린다?〉편, 2020.11.06.
   https://www.youtube.com/watch?v=9m8cpX0lMs8.

10) 교육부 국립특수교육원 〈나랑 놀자! 소프트웨어〉
    https://www.nise.go.kr/sedu/pt/info.html

11) 〈급식지옥〉 49화, 네이버웹툰, 2021.12.03.
    https://comic.naver.com/webtoon/detail?titleId=762277&no=49

12) 코딩하는거니 〈알고리즘.. 이 단어 신분 낮추어 드립니다^^〉편,
2020.05.13. https://www.youtube.com/watch?v=_eroIZisOCA&t=1s

13) 〈선택의 순간, 알고리즘과 사람 중 누구 결정 따를까〉, 한겨레,
2021.12.08.

14) 〈페이스북 창립멤버 SNS는 마음착취〉, 아시아경제, 2017.11.10.

15) 〈영국 수험생들 거리로〉, 경향신문, 2020.08.17.

16) 〈배운 대로 말한 '이루다'는 죄가 없다〉, 한국일보, 2021.01.20.

17) TED 〈How I'm fighting bias in algorithms〉편, 2017.03.30.
https://www.youtube.com/watch?v=UG_X_7g63rY

18) Simon Sinek 〈Stop Holding Yourself Back〉편, 2021.05.05.
https://www.youtube.com/watch?v=W05FYkqv7hM

19) TED 〈The danger of AI is weirder than you think〉편, 2019.11.14.
https://www.youtube.com/watch?v=OhCzX0iLnOc

참고 도서 및 자료

『알고리즘이 지배한다는 착각』, 데이비드 섬프터, 해나무, 2022년.

『소셜온난화』, 찰스 아서, 위즈덤하우스, 2022년.

『AI는 차별을 인간에게서 배운다』, 고학수, 21세기북스, 2022년.

『알고리즘의 블랙박스』, 오세욱, 스리체어스, 2021년.

『무자비한 알고리즘』, 카타리나 츠바이크, 니케북스, 2021년.

『디지털의 배신』, 이광석, 인물과사상사, 2020년.

『안녕, 인간』, 해나 프라이, 와이즈베리, 2019년.

『지능의 탄생』, 이대열, 바다출판사, 2017년.

『누워서 읽는 알고리즘』, 임백준, 한빛미디어, 2015년.

「사회 속의 인공 지능」 한국정보화진흥원, 2019.11.21.

사진 출처

16쪽   음악 스트리밍 앱 FLO-플로, NAER VIBE, 멜론(Melon)

18쪽   행동하는 세계 https://secure.avaaz.org

37쪽   문화체육관광부, 춘천시

48쪽   news.nike.com

56쪽   Netflix.com

123쪽 이루다 페이스북 https://www.facebook.com/ai.luda/

130쪽 한국언론진흥재단 뉴스 빅데이터 분석 시스템 빅카인즈(참고)

140쪽 generated.photos

세상 궁금한 십대
알고 있니? 알고리즘

초판 1쇄 펴낸날   2022년 5월 16일
초판 4쇄 펴낸날   2024년 4월 29일

지은이   소이언
펴낸이   홍지연

편집   홍소연 이태화 김선아 김영은 차소영 서경민
디자인   박태연 박해연 정든해
마케팅   강점원 최은 신종연 김가영 김동휘
경영지원   정상희 여주현

펴낸곳   (주)우리학교
출판등록   제313-2009-26호(2009년 1월 5일)
제조국   대한민국
주소   04029 서울시 마포구 동교로12안길 8
전화   02-6012-6094
팩스   02-6012-6092
홈페이지 www.woorischool.co.kr
이메일   woorischool@naver.com

ⓒ소이언, 2022
ISBN 979-11-6755-052-1 43300

만든 사람들
편집   정아름
표지 디자인 THISCOVER
본문 디자인 이영아